DISCLAIMER

The author and publisher are providing this book and its contents on an "as is" basis and make no representations or warranties of any kind with respect to this book or its contents. The author and publisher disclaim all such representations and warranties, including but not limited to warranties of merchantability. In addition, the author and publisher do not represent or warrant that the information accessible via this book is accurate, complete, or current.

Except as specifically stated in this book, neither the author nor publisher, nor any authors, contributors, or other representatives will be liable for damages arising out of or in connection with the use of this book. This is a comprehensive limitation of liability that applies to all damages of any kind, including (without limitation) compensatory; direct, indirect, or consequential damages; loss of data, income, or profit; loss of or damage to property; and claims of third parties.

Copyright © 2022 LINGUAS CLASSICS
BESTACTIVITYBOOKS.COM

All rights reserved. No part of this book may be reproduced or used in any manner without the written permission of the copyright owner except for the use of quotations in a book review.

FIRST EDITION - Published 2022

Extra Graphic Material From: www.freepik.com
Thanks to: Alekksall, Starline, Pch.vector, Rawpixel.com,
Vectorpocket, Dgim-studio, Upklyak, Macrovector,
Stockgiu, Pikisuperstar & Freepik.com Designers

This Book Comes With Free Bonus Puzzles
Available Here:

BestActivityBooks.com/WSBONUS20

5 TIPS TO START!

1) HOW TO SOLVE

The Puzzles are in a Classic Format:

- Words are hidden without breaks (no spaces, dashes, ...)
- Orientation: Forward & Backward, Up & Down or in Diagonal (can be in both directions)
- Words can overlap or cross each other

2) ACTIVE LEARNING

To encourage learning actively, a space is provided next to each word to write down the translation. The **DICTIONARY** allows you to verify and expand your knowledge. You can look up and write down each translation, find the words in the Puzzle then add them to your vocabulary!

3) TAG YOUR WORDS

Have you tried using a tag system? For example, you could mark the words which have been difficult to find with a cross, the ones you loved with a star, new words with a triangle, rare words with a diamond and so on...

4) ORGANIZE YOUR LEARNING

We also offer a convenient **NOTEBOOK** at the end of this edition. Whether on vacation, travelling or at home, you can easily organize your new knowledge without needing a second notebook!

5) FINISHED?

Go to the bonus section: **MONSTER CHALLENGE** to find a free game offered at the end of this edition!

Want more fun and learning activities? It's **Fast and Simple!**
An entire Game Book Collection just **one click away!**

Find your next challenge at:

BestActivityBooks.com/MyNextWordSearch

Ready, Set... Go!

Did you know there are around 7,000 different languages in the world? Words are precious.

We love languages and have been working hard to make the highest quality books for you. Our ingredients?

A selection of indispensable learning themes, three big slices of fun, then we add a spoonful of difficult words and a pinch of rare ones. We serve them up with care and a maximum of delight so you can solve the best word games and have fun learning!

Your feedback is essential. You can be an active participant in the success of this book by leaving us a review. Tell us what you liked most in this edition!

Here is a short link which will take you to your order page.

BestBooksActivity.com/Review50

Thanks for your help and enjoy the Game!

Linguas Classics Team

1 - Food #1

```
B A J Y Z E R D B E E R E R
Q T B T H U N F I S C H J Ü
S P I N A T V A R A A V X B
N T K W P Z S G N L G L C E
J L A N R H U D E Z C J A V
M I R I I D P C N R Z N Y T
T B O T K W P S K Z S E T Z
Z I T R O N E A A E F T O W
G G T I S Y W F Q R R J E I
Q U E E E D I T N D U M I E
K N O B L A U C H N M I D B
Y H B A S I L I K U M L I E
Z I M T J U F Y M S N C S L
S B Z E P B C J R S A H N Z
```

APRIKOSE
GERSTE
BASILIKUM
KAROTTE
ZIMT
KNOBLAUCH
SAFT
ZITRONE
MILCH
ZWIEBEL

ERDNUSS
BIRNE
SALAT
SALZ
SUPPE
SPINAT
ERDBEERE
ZUCKER
THUNFISCH
RÜBE

2 - Castles

R	E	K	S	V	S	S	R	Z	D	P	F	S	L
Ü	K	R	Ö	C	C	G	I	X	R	F	C	J	B
S	J	O	F	N	H	Z	T	C	A	E	D	E	L
T	Q	N	D	D	I	W	T	M	C	R	X	D	X
U	N	E	T	Y	L	G	E	Q	H	D	O	P	T
N	G	I	E	N	D	K	R	R	E	Z	M	A	S
G	P	N	W	A	N	D	A	E	T	G	G	L	U
S	A	H	T	S	S	Z	B	T	I	V	H	A	I
Q	Z	O	P	T	U	R	M	T	A	C	C	S	W
R	N	R	E	I	C	H	Q	P	W	P	H	T	P
N	N	N	K	E	R	K	E	R	F	I	U	R	H
P	R	I	N	Z	E	S	S	I	N	X	O	L	Y
C	O	E	R	B	L	Y	S	N	U	R	X	W	T
F	E	U	D	A	L	S	Q	Z	A	T	B	P	M

RÜSTUNG
KATAPULT
KRONE
DRACHE
KERKER
DYNASTIE
REICH
FEUDAL
PFERD
KÖNIGREICH

RITTER
EDEL
PALAST
PRINZ
PRINZESSIN
SCHILD
SCHWERT
TURM
EINHORN
WAND

3 - Exploration

```
U X S R A U M X L M T N X T
F N U J E U X S E M I H R W
Z U B I X I F E R N E M Q E
P Z Z E C T S R N C R O N R
W V V J K I L E E E E U O S
S U C H E A U R N G G Q P C
P W G E L Ä N D E X U Z Y H
K U L T U R E N F K H N E Ö
G E F A H R E N T N E U G P
G E F Ä H R L I C H R G Y F
E N T D E C K U N G G O F U
A K T I V I T Ä T W I L D N
M U T S P R A C H E I B X G
G M K W E E O Y N J K L Z X
```

AKTIVITÄT	NEU
TIERE	GEFÄHRLICH
MUT	SUCHE
KULTUREN	RAUM
ENTDECKUNG	GELÄNDE
FERN	LERNEN
AUFREGUNG	REISE
ERSCHÖPFUNG	UNBEKANNT
GEFAHREN	WILD
SPRACHE	

4 - Measurements

```
K Z E N T I M E T E R H W G
I I O D Z B V A M I N U T E
L B L L T Y E E U N S N O N
O R X O L T I E F E Y Z N Y
G E Q U M E T E R D A E N D
R I I Y D E Z I M A L H E H
A T Y J P T T G D E H Ö H E
M E S W V K I E Q Z Z H A C
M G I F O A G W R K G R A D
A S R D L U E I C C Q A Q S
S E A A U W M C V L Ä N G E
S J G D M I H H L I T E R X
E P B Y E M O T L X D J L M
Y N S N N I H S O C H D K R
```

BYTE
ZENTIMETER
DEZIMAL
GRAD
TIEFE
GRAMM
HÖHE
ZOLL
KILOGRAMM
KILOMETER
LÄNGE
LITER
MASSE
METER
MINUTE
UNZE
TONNE
VOLUMEN
GEWICHT
BREITE

5 - Farm #2

```
B R L W S L J F W H B J W V
W M A I C F A Y A Y E X I W
Q I M E H R O T C T W Z N X
W L M S E U H G H R Ä O D R
F C E E U C G N S A S B M I
L H S A N H K Z E K S S Ü N
Q X S M E T P E N T E T H H
A T E J A S T F V O R G L F
N W N B Y I C I H R U A E O
G E R S T E S H E M N R L V
I I B A U E R B A R G T A R
P Z E N T E O E A F E E M H
G E M Ü S E R L L M V N A H
U N S Q A R L F T P T F R O
```

TIERE
GERSTE
SCHEUNE
MAIS
ENTE
BAUER
ESSEN
FRUCHT
BEWÄSSERUNG
LAMM

LAMA
WIESE
MILCH
OBSTGARTEN
SCHAF
WACHSEN
TRAKTOR
GEMÜSE
WEIZEN
WINDMÜHLE

6 - Books

```
E R Z Ä H L E R U U N A P E
L I T E R A R I S C H U O R
F V D B P K W J S E I T E F
S D U A L I T Ä T K H O S I
E F Q Q Y V S Q Q G C R I N
J B W E W O J C C O H M E D
M R F H G E S C H I C H T E
G E D I C H T N S F Q S N R
R L U N A T R A G I S C H I
O E T W L E S E R V Q D P S
M V H I S T O R I S C H R C
A A A B E N T E U E R Y O H
N N K O N T E X T C G R T Z
P T K O L L E K T I O N A L
```

ABENTEUER
AUTOR
KOLLEKTION
KONTEXT
DUALITÄT
EPISCH
HISTORISCH
ERFINDERISCH
LITERARISCH
ERZÄHLER
ROMAN
SEITE
GEDICHT
POESIE
LESER
RELEVANT
GESCHICHTE
TRAGISCH

7 - Meditation

```
T S A M W R F K G B D M Z P
Y H T H V E R S E E G I L E
C D M I K I I H D W U T E R
O A U G L R E A A E M G R S
Y N N W G L D L N G R E N P
A K G A T P E T K U W F E E
E B L C V J N U E N K Ü N K
I A Ü H A E G N N G M H A T
N R C Y I N R G B B L L T I
B K K W L Q N S N G Y C U V
L E M U S I K A T E P X R E
I I R U H I G Q H A Y N A D
C T G E I S T I G M N L C J
K L A R H E I T P Z E D A K
```

ANNAHME
WACH
ATMUNG
RUHIG
KLARHEIT
MITGEFÜHL
DANKBARKEIT
GLÜCK
EINBLICK
GEISTIG

VERSTAND
BEWEGUNG
MUSIK
NATUR
FRIEDEN
PERSPEKTIVE
HALTUNG
STILLE
GEDANKEN
LERNEN

8 - Days and Months

```
S A M S T A G K J R T U M M
K E C B F C Q P A U C V O I
A P P O V Y J J M P L G N T
L O K T O B E R Ä G R I A T
E N O V E M B E R T D I T W
N R O D I M F D Z N O F L O
D Q X M N N B S U D N R N C
E S W O C H E E C I N E L H
R O A U G U S T R E E I U B
E N F E B R U A R N R T Z H
B N T J U A L T I S S A R F
R T Z J A H R L Y T T G Z R
J A N U A R N T O A A M T K
X G J H M O N T A G G X J W
```

APRIL
AUGUST
KALENDER
FEBRUAR
FREITAG
JANUAR
JULI
MÄRZ
MONTAG
MONAT
NOVEMBER
OKTOBER
SAMSTAG
SEPTEMBER
SONNTAG
DONNERSTAG
DIENSTAG
MITTWOCH
WOCHE
JAHR

9 - Chess

```
S U M P U N K T E D A K L C
T M G E G N E R W I A Ö E H
R Z E I T X X D E A I N R A
A K Ö N I G I N T G E I N M
T W E I S S P S T O E G E P
E K A Z A Y A C B N D L N I
G S B V S R S H E A H D N O
I O P F E R S W W L T D X N
E H Z I N Z I A E O Q G Z K
C F Q O E S V R R B R L M L
M Z S T I L I Z B I R N X U
T U R N I E R N U B X V N G
N G R U P S R D U C I Q C V
Z V X Z E H S P I E L E R K
```

SCHWARZ
CHAMPION
KLUG
WETTBEWERB
DIAGONAL
SPIEL
KÖNIG
GEGNER
PASSIV
SPIELER

PUNKTE
KÖNIGIN
REGELN
OPFER
STRATEGIE
ZEIT
LERNEN
TURNIER
WEISS

10 - Food #2

```
F F N R J U P W E I Z E N R
B N H A R T I S C H O C K E
R P R U D Y L A P F E L A I
O Q A O H Y Z A R O F M U S
K U E V K N T D K O O S B T
K I F X L C Z I Ä Z F C E N
O X W M V G K C S I I H R L
L I K I R S C H E I S O G Q
I C N O T Z D P M Y C K I Z
S E L L E R I E H M H O N Z
T T B V S B A N A N E L E B
J O G H U R T U T O M A T E
S C H I N K E N B Z B D U Z
L H L P D F O M K E R E Q W
```

APFEL
ARTISCHOCKE
BANANE
BROKKOLI
SELLERIE
KÄSE
KIRSCHE
HUHN
SCHOKOLADE
EI

AUBERGINE
FISCH
TRAUBE
SCHINKEN
KIWI
PILZ
REIS
TOMATE
WEIZEN
JOGHURT

11 - Family

```
E D H R M B C F D B N G E E
U W L Q S S S T T I R N H
G K I E I C C O U A C O K E
V O R F A H R H R N H S E F
T O C H T E R I W T T S L R
Y B V I O N E F F E E V V A
M T Ä V A T E R D M S A C U
M Ü T T E R L I C H Y T T K
U C E H O N K E L S U E E F
T B R U D E R I J T E R Q R
T F L B A U K I N D H E I T
E V I V E T T E R D K I N D
R Q C U R Y H P K X E Y S T
L E H E M A N N P F X R G Z
```

VORFAHR
TANTE
BRUDER
KIND
KINDHEIT
KINDER
VETTER
TOCHTER
VATER
GROSSVATER

ENKEL
EHEMANN
MÜTTERLICH
MUTTER
NEFFE
NICHTE
VÄTERLICH
SCHWESTER
ONKEL
EHEFRAU

12 - Farm #1

```
X U S K H N A B Z P K K K B
D Z N S A G A A I F W K R I
R S R X A L I T E E M V Ä S
H E R D E A B O G R N P H O
U V W I K A T Z E D Z E E N
N H A L V E S E L L A K C I
D E S Z Z D F D T L U E E E
U U S S L U E J L T N T L K
D Z E A B G L D Ü N G E R U
R I R K F H D Y R O J M I H
X U N N B O L Y E D S S L Q
H G L E K N A N B I U K M L
R E I S K I H O Y Y W G Z D
C M B N A G H U H N W Q P V
```

BIENE
BISON
KALB
KATZE
HUHN
KUH
KRÄHE
HUND
ESEL
ZAUN

DÜNGER
FELD
HERDE
ZIEGE
HEU
HONIG
PFERD
REIS
SAAT
WASSER

13 - Camping

```
F G T D H P M D P J T T F K
A L I A K A O F Q F M O Y W
J S E I L S N O Y B H O Z A
K L R H U T D W X I Ä N Y H
H F E U E R J A G D N U D K
I A B E N T E U E R G M M F
W N J U K G K A R T E K I E
A A S Z S P A S S N M Y E N
E T B E R G N Q J S A C G P
H U T L K B U R M H T X W T
C R N T I T W A L D T C M K
K A B I N E S A A K E R L R
K O M P A S S E P Q D S N L
D N T A E G B U E B Y N N G
```

ABENTEUER
TIERE
KABINE
KANU
KOMPASS
FEUER
WALD
SPASS
HÄNGEMATTE
HUT

JAGD
INSEKT
SEE
KARTE
MOND
BERG
NATUR
SEIL
ZELT
BÄUME

14 - Conservation

```
B V E R S C H M U T Z U N G
I M P E S T I Z I D G C A E
L A W C X S K S P H E R T S
D D A Y Z I J S J Q L R Ü U
U W S C H Y A P F F A E R N
N N S E Z Y K L U S X D L D
G W E L B G Q A G U K I H
T D R N P U E F U K T Z C E
C H E M I K A L I E N I H I
Ö K O S Y S T E M Z D E Y T
A N A C H H A L T I G R X I
F R E I W I L L I G E E T M
H I K L I M A M X I A N S W
U M W E L T W L X K D G B M
```

CHEMIKALIEN
KLIMA
ZYKLUS
ÖKOSYSTEM
BILDUNG
UMWELT
GRÜN
GESUNDHEIT
NATÜRLICH
PESTIZID
VERSCHMUTZUNG
RECYCELN
REDUZIEREN
NACHHALTIG
FREIWILLIGE
WASSER

15 - Cats

```
U F L M R F Z L U L S V K B
Q U W Y W E J S N I C E R N
J E X W I L D C A E H R A E
A Ä M Y B L P H B B L S L U
K H G A R N F Ü H E A P L G
O C Y E U F O C Ä V F I E I
M A U S R A T H N O E E J E
I Z B A O O E T G L N L W R
S C H N E L L E I L Z T L I
C S B F Q Q M R G W E N I G
H T S C H W A N Z V G M P F
V E R R Ü C K T M L T I U L
R Y Z Y Y Z E L I A Y T C C
G M B T I M Q O L A U G L V
```

LIEBEVOLL
KRALLE
VERRÜCKT
NEUGIERIG
SCHNELL
KOMISCH
FELL
JÄGER
UNABHÄNGIG

WENIG
MAUS
PFOTE
VERSPIELT
SCHÜCHTERN
SCHLAFEN
SCHWANZ
WILD
GARN

16 - Numbers

```
N G Z F S I E B E N E A V D
E S E M Ü D A Q V E K I I N
U G H A S N S C E Z M X N B
N W N C J L F U H N L D E S
Z D L H U V U Z D T R R W S
E M P T O D V I E R Z E H N
H W K Z Q R P Z X H H I I R
N V G E U E X W Q N N Z J U
S E C H S I S E C H Z E H N
N E U N V S V I E R T H P H
S I E B Z E H N P P U N F F
O U F F A V D E Z I M A L T
D V D B L S Z W A N Z I G X
C T Z W Ö L F Ü N F M N Q D
```

DEZIMAL
ACHT
ACHTZEHN
FÜNFZEHN
FÜNF
VIER
VIERZEHN
NEUN
NEUNZEHN
EINS

SIEBEN
SIEBZEHN
SECHS
SECHZEHN
ZEHN
DREIZEHN
DREI
ZWÖLF
ZWANZIG
ZWEI

17 - Spices

```
C U R R Y I N G W E R A E M
W A S A L Z E O P R D M K U
F E N C H E L L B Y Y U J S
K G Y I W I K U X G J S R K
A B E Y S D E S A F R A N A
R K P S K N O B L A U C H T
D O A K C Z W I E B E L M N
A R P Z B H U A E Y E K V U
M I R R I M M O I W Z F A S
O A I M T M J A P N D X N S
M N K K T M T A C M Y C I Ü
G D A C E B M D G K B S L S
A E E L R N A R O G H M L S
K R E U Z K Ü M M E L A E J
```

ANIS
BITTER
KARDAMOM
ZIMT
NELKE
KORIANDER
KREUZKÜMMEL
CURRY
FENCHEL
GESCHMACK
KNOBLAUCH
INGWER
MUSKATNUSS
ZWIEBEL
PAPRIKA
SAFRAN
SALZ
SÜSS
VANILLE

18 - Mammals

```
K S H H U N D G E H A S E F
G I R A F F E E Z G F X G U
L G L Ö W E S Z L L F I C C
T K O O H J C E P F E R D H
W A L R A A H B E S I V S S
Z T T W I A A R L T G N S B
N Z L W V L F A E I W O L F
Y E R H O B L B F E G E K N
B I B E R W Ä A A R N W Ä O
N W J Y N T I R N T B W N L
S O Y N K O J O T E T B G U
L J J Z C W Z Q X E L D U E
N H U E M O D E M Z S G R C
X K A J A G O V W X D Y U L
```

BÄR
BIBER
STIER
KATZE
KOJOTE
HUND
DELFIN
ELEFANT
FUCHS
GIRAFFE

GORILLA
PFERD
KÄNGURU
LÖWE
AFFE
HASE
SCHAF
WAL
WOLF
ZEBRA

19 - Fishing

```
Q J B Y S P K O R B E G B D
A D O J I V Ö X I O K G O R
Ü U R Z Y E D N N C P E O A
B Z S S E G E D U L D W T H
E W T R J A R D E K D I B T
R A R K Ü A N U M V P C E K
T S A I V S H K K O C H E N
R S N E S W T R C Y A T G J
E E D F F A O U E X D D T Q
I R F E H A K E N S D K L Y
B W L R O G Z N Y G Z F G H
U Y U C X E F L O S S E N A
N U S D R K I E M E N F I E
G N S E E C Z N F R O T B T
```

KÖDER
KORB
STRAND
BOOT
KOCHEN
AUSRÜSTUNG
ÜBERTREIBUNG
FLOSSEN
KIEMEN
HAKEN

KIEFER
SEE
OZEAN
GEDULD
FLUSS
WAAGE
JAHRESZEIT
WASSER
GEWICHT
DRAHT

20 - Restaurant #1

```
K B R O T H F Y Y D C K S K
K E L L N E R I N E G J F Ü
Z M T O U O X N E S N H L C
S E R V I E T T E S O Z E H
O N G K O S C M Q E N C I E
S Ü O K A S S I E R E R S I
Y C K V Q E L Z R T M I C A
V W H U H N Y C Z H V B H C
L K M Ü N H V R X Z Q B S K
U A R E S E R V I E R U N G
X F Y U L S G Y B A F E G Z
N F U T N J E W Ü R Z I G L
T E L L E R A L L E R G I E
M E S S E R S O S S E B L Q
```

ALLERGIE
SCHÜSSEL
BROT
KASSIERER
HUHN
KAFFEE
DESSERT
KÜCHE
MESSER

FLEISCH
MENÜ
SERVIETTE
TELLER
RESERVIERUNG
SOSSE
WÜRZIG
ESSEN
KELLNERIN

21 - Bees

```
V B L U M E N W B M J Ö L C
I O L Q O Y B F C F M K C K
A N R Ü B E S O Z M V O I P
R U S T T G A R T E N S C U
H K I E E E U A X J Q Y U V
G L L C K I E U K H F S J I
S O N N E T L C G F R T G E
K Ö N I G I N H A N U E P L
E B T K N O K D A P C M O F
W A C H S D Z P N F H E L A
S C H W A R M I J T T S L L
P F L A N Z E N M N G S E T
B I E N E N K O R B T E N E
B E S T Ä U B E R H O N I G
```

VORTEILHAFT
BLÜTE
VIELFALT
ÖKOSYSTEM
BLUMEN
ESSEN
FRUCHT
GARTEN
BIENENKORB
HONIG

INSEKT
PFLANZEN
POLLEN
BESTÄUBER
KÖNIGIN
RAUCH
SONNE
SCHWARM
WACHS

22 - Sports

```
T B D G O L F G T M S F S K
B E F M Y M F R O I T A C G
A W N A P M A C P Z A H H Y
S E G N R Z N B K B D R W Y
E G Y N I V W A G V I R I N
B U M S A S C D S J O A M F
A N N C S P I E L T N D M R
L G A H X I D T R A I N E R
L M S A H E M T A T O K N W
K G I F E L J E M H N P X K
A S U T L E I K N L O T L E
P Z M O E R O N U E I P C P
E I S H O C K E Y T W O K X
J M E I S T E R S C H A F T
```

ATHLET
BASEBALL
FAHRRAD
MEISTERSCHAFT
TRAINER
SPIEL
GOLF
GYMNASIUM
GYMNASTIK
EISHOCKEY
BEWEGUNG
SPIELER
STADION
MANNSCHAFT
TENNIS
SCHWIMMEN

23 - Weather

```
K B L I T Z T T X W P G L I
Z L J U B O N Z U J I X S U
P H I M M E L B G K O N M M
O R F M L I K T W W K S D O
L A G T A S R D O N N E R N
A W I O Z S T B L R E G K S
R U K U T R O C K E N V Q U
R E G E N B O G E N E A Z N
T E M P E R A T U R B S D Q
A T M O S P H Ä R E E T Ü O
H U R R I K A N T A L U R S
A U H J O A B R I S E R R K
H B Q B I M Y F D G M M E Q
T R O P I S C H D U S I V F
```

ATMOSPHÄRE
BRISE
KLIMA
WOLKE
DÜRRE
TROCKEN
NEBEL
HURRIKAN
EIS
BLITZ

MONSUN
POLAR
REGENBOGEN
HIMMEL
STURM
TEMPERATUR
DONNER
TORNADO
TROPISCH
WIND

24 - Adventure

```
G E L E G E N H E I T N M S
R W R F W G C A B L Ü H L I
A O J C R E H U T D B B F C
K Z U P L F A S A U E Z F H
T X L T N Ä N F P W R I R E
I O X E E H C L F Q R E E R
V V K X U R E U E W A L U H
I S G V X L F G R B S N D E
T M R R Q I E R K B C C E I
Ä N Y Q S C T W E Q H N E T
T X Y X U H W J I U E K X U
V O R B E R E I T U N G W H
N A V I G A T I O N D D Y X
B E G E I S T E R U N G E R
```

AKTIVITÄT
TAPFERKEIT
CHANCE
GEFÄHRLICH
ZIEL
BEGEISTERUNG
AUSFLUG
FREUNDE
ROUTE

FREUDE
NATUR
NAVIGATION
NEU
GELEGENHEIT
VORBEREITUNG
SICHERHEIT
ÜBERRASCHEND

25 - Circus

```
K S N F J T Z R V Z C O O L
O N A K R O B A T E L C L P
S J N O H C N B A L L O N S
T T H B N O J G E T E V S L
Ü I P A R A D E L F O A P Y
M G X B F T V C Z E I G E N
E E Y H J W X L U E U I K Z
M R T I E R E O S L T R T A
A U X A K T V W C E R W A U
G P S J M Q O N H F I L K B
I L U I K W K Y A A C S U E
E K N S K P B Z U N K D L R
I T D L L Ö W E E T F K Ä E
A F F E Z Z Y Z R G K Z R R
```

AKROBAT
TIERE
BALLONS
CLOWN
KOSTÜM
ELEFANT
JONGLEUR
LÖWE
MAGIE
ZAUBERER

AFFE
MUSIK
PARADE
ZEIGEN
SPEKTAKULÄR
ZUSCHAUER
ZELT
TIGER
TRICK

26 - Tools

```
R C H L I N E A L J E O B O
A F A E E W R A S I E R E R
D N M H F I B A D G P S M W
L D M S S T M W F I M C W R
Z L E S C J K H E F T E R Y
L U R R H W Y L C D K Y O H
S Z B X R S C H A U F E L Z
P A X U A E R S S M M G R Q
P N P U U I K B C G M G W A
Y G K V B L A X T H W E B X
N E O J E S B D C V E O R E
F A C K E L E P N C R R Q V
C D C T O E L S S Y D L E W
M E S S E R H L E I T E R H
```

AXT
KABEL
LEIM
HAMMER
MESSER
LEITER
ZANGE
RASIERER
SEIL

LINEAL
SCHERE
SCHRAUBE
SCHAUFEL
HEFTKLAMMER
HEFTER
FACKEL
RAD

27 - Restaurant #2

```
G W A S S E R K U T K E Z U
K E S A L Z Z N U Z C G E W
E G M M Z G N M U C F A I X
L E P Ü X P Z H E D H B E Y
L T K Ö S T L I C H E E R F
N R J G H E L Ö F F E L N R
E Ä X N E N S M U Z I U N U
R N S T U H L X A C S U J C
Y K R A Y R V K F Y Y V R H
V O T X S I S K I S A L A T
X M I T T A G E S S E N O K
W Z S U P P E S C V B Y S Y
G E W Ü R Z E X H K P R R C
A B E N D E S S E N E A N V
```

GETRÄNK
KUCHEN
STUHL
KÖSTLICH
ABENDESSEN
EIER
FISCH
GABEL
FRUCHT
EIS

MITTAGESSEN
NUDELN
SALAT
SALZ
SUPPE
GEWÜRZE
LÖFFEL
GEMÜSE
KELLNER
WASSER

28 - Geology

```
S M H A I G P E E P J F C U
C I N S T E I N R L U O R H
H N S P R Y U K D A U S B S
I E G Ä X S M A B T S S A W
C R M O U I S K E E K I S T
H A J V H R M A B A R L T Z
T L W V L E L E U I I A T
J I Q Q U A R Z N C S M L M
X E K Q L V O I L H T P A U
H N I O K A S U O W A Z K Q
S Ö R P A H I M L D L Y T C
B A H N N K O R A L L E I A
A K L L K O N T I N E N T J
X R D Z E Z Y K L E N J G D
```

SÄURE
KALZIUM
HÖHLE
KONTINENT
KORALLE
KRISTALLE
ZYKLEN
ERDBEBEN
EROSION
FOSSIL

GEYSIR
LAVA
SCHICHT
MINERALIEN
PLATEAU
QUARZ
SALZ
STALAKTIT
STEIN
VULKAN

29 - House

```
Z W A F L G N V W V U J L D
G A R T E N B J N I S Y A Z
L N L P M T F Q D A C H M D
O D U S C H E A G Z H F P G
B I B L I O T H E K L S E A
S V O C K H U O B T Ü R D R
O O D I R A H M E Z S K A A
Z B E U L D M D S T S T C G
A I N J P S P I E G E L H E
U V M K Ü C H E N Y L Q B L
N S Ö M V O R H A N G J O I
Z B B D E F E N S T E R D C
K U E S H R O E X A E J E L
F R L Y Y X R S H W L J N X
```

DACHBODEN
BESEN
VORHANG
TÜR
ZAUN
KAMIN
BODEN
MÖBEL
GARAGE
GARTEN

SCHLÜSSEL
KÜCHE
LAMPE
BIBLIOTHEK
SPIEGEL
DACH
ZIMMER
DUSCHE
WAND
FENSTER

30 - School #1

P	R	Ü	F	U	N	G	E	N	X	F	C	F	A
O	R	D	N	E	R	I	Z	M	I	V	U	R	L
S	T	U	H	L	V	S	A	A	K	B	L	E	P
L	E	H	R	E	R	P	N	T	K	N	E	U	H
B	B	I	B	L	I	O	T	H	E	K	R	N	A
T	L	P	Q	G	A	Z	W	E	W	J	N	D	B
N	L	E	U	J	W	C	O	M	L	K	E	E	E
P	A	P	I	E	R	P	R	A	B	E	N	Z	T
D	Q	H	Z	S	P	Q	T	T	Ü	F	S	G	P
X	Y	P	U	P	T	S	E	I	C	F	S	E	J
P	Y	K	H	A	J	I	N	K	H	O	M	P	N
P	K	L	S	S	T	I	F	T	E	N	H	Y	I
N	W	Y	T	S	I	Q	T	T	R	E	D	Q	E
K	L	A	S	S	E	N	Z	I	M	M	E	R	K

ALPHABET
ANTWORTEN
BÜCHER
STUHL
KLASSENZIMMER
PRÜFUNGEN
ORDNER
FREUNDE
SPASS

BIBLIOTHEK
MATHEMATIK
PAPIER
BLEISTIFT
STIFTE
QUIZ
LEHRER
LERNEN
LESEN

31 - Dance

```
N T I A S B E W E G U N G D
N H O O K P E M O T I O N S
F H C A S A R H Y T H M U S
P R O B E K D I T W C M T A
A K E F Y J O E N H Q K K N
R L K U L T U R M G W N U M
T A S W D U G I G I E R L U
N S T J D I A K V O E N T T
E S L G V L G U Y U M X U Y
R I M K W E V N V R L R R D
M S U Y C X F S K J X M E L
Q C S Y R M Y T N G R G L I
A H I H A L T U N G R R L Z
D D K Ö R P E R J X Y V Q L
```

AKADEMIE
KUNST
KÖRPER
KLASSISCH
KULTURELL
KULTUR
EMOTION
ANMUT

FREUDIG
SPRINGEN
BEWEGUNG
MUSIK
PARTNER
HALTUNG
PROBE
RHYTHMUS

32 - Colors

```
P S E P I A G R Ü N I H S E
O U M H R W R R O T N M C G
V I R F T E A I S D D A H E
E X A P T A U C M J I G W L
R O S A U F Z Y A N G E A B
U O I J A R V U W C O N R P
W F U C H S I E R E L T Z Y
O R A N G E O M P B I A L Y
Z M M A A B L A U R L S D F
U X Z B A E E N J A A A S I
Z M X X F I T L X U W L U S
W Q F T I G T V J N K W K S
B T C L Y E P D I G J D Z I
N D G G H Z R O D Z M W Q R
```

AZURBLAU
BEIGE
SCHWARZ
BLAU
BRAUN
PURPUR
ZYAN
FUCHSIE
GRÜN
GRAU

INDIGO
MAGENTA
ORANGE
ROSA
LILA
ROT
SEPIA
VIOLETT
WEISS
GELB

33 - Climbing

```
A S E F Ü H R E R D V H G C
T T X L H Ö A W H M M E I Q
M A P B R H S O A Q X L M E
O B E R K E Z D N N H M L L
S I R I K K F Q D Q D T K I
P L T P H Y S I S C H E B P
H I E U M P L W C V C Y R S
Ä T M R Q Y T K H B G S N N
R Ä S C H M A L U R D S Q E
E T O T Y V G V H Q D Z O U
W H P A Ä S T I E F E L V G
X N C V E R L E T Z U N G I
H Ö H L E R K G E L Ä N D E
D K A R T E Y E N S T I B R
```

HÖHE
ATMOSPHÄRE
STIEFEL
HÖHLE
NEUGIER
EXPERTE
HANDSCHUHE
FÜHRER
HELM

WANDERN
VERLETZUNG
KARTE
SCHMAL
PHYSISCH
STABILITÄT
STÄRKE
GELÄNDE

34 - Shapes

```
H W O R P K R E I S Q J G Z
H L P B O G E N F M T S O Y
U S V G L V K E G E L E L L
P D L F Y N A J Y X D I D I
W R J C G W E L K A N T E N
Ü E P C O O T F B M Z E K D
R I H V N I D P R I S M A E
F E Q U A D R A T A Q V L R
E C C H Y P E R B E L F I Y
L K F H P Y R A M I D E N K
W V Q J T E L L I P S E I E
E C K E D E K U R V E L E T
I H F G O E C Y F Q R B Z I
I M F D C T X K U G E L X L
```

BOGEN   LINIE
KREIS   OVAL
KEGEL   POLYGON
ECKE   PRISMA
WÜRFEL   PYRAMIDE
KURVE   RECHTECK
ZYLINDER   SEITE
KANTEN   KUGEL
ELLIPSE   QUADRAT
HYPERBEL   DREIECK

35 - Scientific Disciplines

```
D A R C H Ä O L O G I E N P
T H E R M O D Y N A M I K S
S A Z Y P W V R K N I M Ö Y
B O S P A E M V F E N M K C
A O Z T S W Z K A U E U O H
H S T I R T L G N R R N L O
Q Z I A O O B B A O A O O L
V Y E Y N L N J T L L L G O
S C D H K I O O O O O O I G
E H D Q M J K G M G G G E I
G E O L O G I E I I I I A E
Q M H I T L M E E E E E A U
K I N E S I O L O G I E J T
C E P H Y S I O L O G I E F
```

ANATOMIE
ARCHÄOLOGIE
ASTRONOMIE
BOTANIK
CHEMIE
ÖKOLOGIE
GEOLOGIE
IMMUNOLOGIE
KINESIOLOGIE
MINERALOGIE
NEUROLOGIE
PHYSIOLOGIE
PSYCHOLOGIE
SOZIOLOGIE
THERMODYNAMIK

36 - School #2

```
R V B M L Z K G E Y P B B D
U O L M K T F A E E B A Ü R
C R E L A K A D E M I S C H
K R I I L E H R E R B C H S
S Ä S T E B J S X E L O E B
A T T E N C P T D D I M R I
C E I R D T W A C N O P D L
K J F A E N E O P E T U X D
H V T T R F H M M I H T Z U
Y R B U S Z H J J D E E E N
O S G R A M M A T I K R S G
Y J P W Ö R T E R B U C H D
S C H E R E M C A R X G K D
W I S S E N S C H A F T Q Y
```

AKADEMISCH
RUCKSACK
BÜCHER
BUS
KALENDER
COMPUTER
WÖRTERBUCH
BILDUNG
GRAMMATIK
BIBLIOTHEK
LITERATUR
PAPIER
BLEISTIFT
WISSENSCHAFT
SCHERE
VORRÄTE
LEHRER

37 - Science

```
P F L A N Z E N P D X T M F
E V O L U T I O N H A A H O
O R G A N I S M U S Y T M W
S C H W E R K R A F T S E X
M Y J Z X O G B I K C A I N
O Z O E P L A A S D N C C K
L H Q R E Z T L Z C V H C P
E Q A V R F O S S I L E H A
K K E C I N M E T H O D E R
Ü K L I M A L X V T S N M T
L K K C E L A B O R W A I I
E A C N N W H F U V N T S K
H Y P O T H E S E P U U C E
M I N E R A L I E N W R H L
```

ATOM
CHEMISCH
KLIMA
DATEN
EVOLUTION
EXPERIMENT
TATSACHE
FOSSIL
SCHWERKRAFT
HYPOTHESE
LABOR
METHODE
MINERALIEN
MOLEKÜLE
NATUR
ORGANISMUS
PARTIKEL
PHYSIK
PFLANZEN

38 - To Fill

```
F P U U Y B U T K K M N P N
L A O T E B M G R V A I Z E
W K S A P B S Q J A P O F S
D E L S Q T C F D J P X F Y
Y T W C Y A H L G S E I Z U
K S C H U B L A D E V A S E
O A C E E L A S K O R B M Y
F B R S Z E G C R L P B O X
F S E T Y T T H U W A N N E
E C I C O T N E G K I S T E
R H M J K N Y Q K L C D L B
O I E L J E U X R L C Z R K
H F R T I G N G S L M X A N
R F A D W W U K Q Q H Z V Y
```

FASS
BECKEN
KORB
FLASCHE
BOX
EIMER
KARTON
KISTE
SCHUBLADE
UMSCHLAG

MAPPE
KRUG
PAKET
TASCHE
KOFFER
TABLETT
WANNE
ROHR
VASE
SCHIFF

39 - Summer

```
S T R A N D F R E U D E E B
T C C A K M M E C S F B R T
E A H J X J L I A A R Ü I E
R O U W T O Q S M N E C N N
N G T C I T G E P D I H N T
E M T T H M G S I A Z E E S
D A T V D E M S N L E R R P
F F Y R O E N E G E I Q U A
A R N D X R O N N N T U N N
M E W E F V Z J W M F Z G N
I U A G O I D C L E D F E U
L N S P I E L E P K V T N N
I D G I X E G A R T E N N G
E E L V K G S E U R L A U B
```

STRAND
BÜCHER
CAMPING
TAUCHEN
FAMILIE
ESSEN
FREUNDE
SPIELE
GARTEN
FREUDE

FREIZEIT
ERINNERUNGEN
MUSIK
ENTSPANNUNG
SANDALEN
MEER
STERNE
SCHWIMMEN
REISE
URLAUB

40 - Clothes

```
S S S C H A L H E B H M N S
A C C Z T B L U S E E O S C
N H H H N L O T K A M D H H
D U Ü O M S D C O L D E R L
A H R E K U G Ü R T E L T A
L H Z P S S C I K M J I H F
E F E I E A Y K C Z E S D A
N U Q A R M B A N D A A V N
M A N T E L X J R Q N H I Z
P U L L O V E R H O S E R U
X N V M Q A Z Z I I C V D G
P A Z H H G U H U Z N K U X
H A N D S C H U H E R Z F C
F N Y R H J A C K E V Y O U
```

SCHÜRZE
GÜRTEL
BLUSE
ARMBAND
MANTEL
KLEID
MODE
HANDSCHUHE
HUT
JACKE

JEANS
SCHMUCK
SCHLAFANZUG
HOSE
SANDALEN
SCHAL
HEMD
SCHUH
ROCK
PULLOVER

41 - Insects

```
B T W M A R I E N K Ä F E R
C I E E U B Y F W Ä M P S H
U S E R S S I L R F O A C E
W Y S N M P B Z K E T W H U
M Ü C K E I E Z A R T F M S
W U R M Z S T Q K P E N E C
X R N M G W N E E J X B T H
F K D Z I Q A P R T A T T R
K L M B L A T T L A U S E E
G T U Q G M V V A Y U Z R C
F Z T N Z E Z I K A D E L K
L H O R N I S S E B J I I E
O C F V W S L A R V E W N D
H N L I B E L L E M F G G G
```

AMEISE
BLATTLAUS
BIENE
KÄFER
SCHMETTERLING
ZIKADE
KAKERLAKE
LIBELLE
FLOH

HEUSCHRECKE
HORNISSE
MARIENKÄFER
LARVE
MÜCKE
MOTTE
TERMITE
WESPE
WURM

42 - Astronomy

```
F W J N A S T E R O I D U C
I M O N D A O F S B D A V S
N N C M T T I L L S T I P J
S E J J F E X H A E R D E S
T N W O R L J Z S R S Q T T
E B G J A L W P T V U K I R
R W A N K I V I R A P O E A
N L L S E T Z O O T E S R H
I H A A T B R W N O R M K L
S I X F E R E B A R N O R U
L M I Y Y S O L U I O S E N
D M E T E O R N T U V K I G
W E N Q R D N V O M A P S Q
O L P L A N E T G M M N E E
```

ASTEROID
ASTRONAUT
ASTRONOM
KOSMOS
ERDE
FINSTERNIS
GALAXIE
METEOR
MOND
NEBEL
OBSERVATORIUM
PLANET
STRAHLUNG
RAKETE
SATELLIT
HIMMEL
SOLAR
SUPERNOVA
TIERKREIS

43 - Pirates

M	D	I	P	W	G	M	K	E	H	E	K	O	X
B	D	L	N	H	V	A	O	H	N	G	A	W	Z
T	X	I	W	S	S	L	M	H	J	S	R	U	M
R	C	R	E	W	E	C	P	E	Ö	C	T	O	A
J	R	L	X	S	D	L	A	S	K	H	E	M	B
L	E	G	E	N	D	E	S	C	A	L	L	C	E
M	G	N	E	I	R	P	S	H	P	E	L	E	N
Z	V	Z	K	F	P	H	K	W	I	C	H	J	T
U	G	S	F	L	A	G	G	E	T	H	S	M	E
A	U	T	U	X	P	H	F	R	Ä	T	Y	Ü	U
N	A	R	B	E	A	N	R	T	N	E	P	N	E
K	F	A	T	T	G	O	L	D	P	Z	Q	Z	R
E	T	N	I	R	E	S	C	H	A	T	Z	E	K
R	B	D	B	S	I	R	T	I	H	T	I	N	B

ABENTEUER
ANKER
SCHLECHT
STRAND
KAPITÄN
HÖHLE
MÜNZEN
KOMPASS
CREW
GEFAHR

FLAGGE
GOLD
INSEL
LEGENDE
KARTE
PAPAGEI
RUM
NARBE
SCHWERT
SCHATZ

44 - Time

```
H X G W C Q W T B G J B T P
S Y C V Z U O T A Y H R G Z
J Ä H R L I C H W G V G B L
Y S J A H R H U N D E R T Z
B A L D S F E H J E T Z T U
K A L E N D E R A J L A C K
M O R G E N M V H N A W A U
Y R M W Z H I O R X A H L N
V P I G V E T R Z T E C R F
M O N A T U T O E F R Ü H T
K J U C V T A C H O Y Q K T
S Q T B X E G I N E E T Y Q
Z G E H U V M U T J C E B C
D I E S T U N D E U B S G J
```

JÄHRLICH
VOR
KALENDER
JAHRHUNDERT
UHR
TAG
JAHRZEHNT
FRÜH
ZUKUNFT
STUNDE

MINUTE
MONAT
MORGEN
NACHT
MITTAG
JETZT
BALD
HEUTE
WOCHE
JAHR

45 - Buildings

```
K P K R A N K E N H A U S H
L O V I S T A D I O N I C W
B U V L C U O Z O E T W H H
O E B J H D T M Y S H O E Z
T Q M F U K I N O U H D U F
S U O M L A B O R P E I N A
C W R A E B W I G E R H E B
H L B M T I O C T R B O S R
A Q Z G E N A V H M E T C I
F Z M P Z E L T E A R E H K
T M U S E U M R A R G L L Y
A P A R T M E N T K E R O P
M E U N U X H X E T Q I S Z
H K Q O K C A S R L A Y S P
```

APARTMENT
SCHEUNE
KABINE
SCHLOSS
KINO
BOTSCHAFT
FABRIK
KRANKENHAUS
HERBERGE

HOTEL
LABOR
MUSEUM
SCHULE
STADION
SUPERMARKT
ZELT
THEATER
TURM

46 - Herbalism

```
P F L A N Z E S E R G V K A
O G Z G S G O S S O E O U R
K R P S X L P A T S S R L O
Z Ü E R Q A U F R M C T I M
X N T G B V B R A A H E N A
Z B E A A E W A G R M I A T
U L R R S N M N O I A L R I
T U S T I D O I N N C H I S
A M I E L E Z R N Y K A S C
T E L N I L R O F Z H F C H
X R I I K O Z F P I E T H Z
X W E L U U F E N C H E L Z
B G X Y M M A J O R A N S A
K N O B L A U C H D J E R Q
```

AROMATISCH
BASILIKUM
VORTEILHAFT
KULINARISCH
FENCHEL
GESCHMACK
BLUME
GARTEN
KNOBLAUCH
GRÜN

ZUTAT
LAVENDEL
MAJORAN
MINZE
OREGANO
PETERSILIE
PFLANZE
ROSMARIN
SAFRAN
ESTRAGON

47 - Toys

```
F A V O R I T Q Q S J W N S
H L P G Z X A H D W Q U S X
P K U N S T H A N D W E R K
H Q Z G P U P P E C A D B N
A H Z Q Z F D V N T U O U Y
N B L B F E C T O N T P N D
T R E Ü K A U D B A O I T R
A S G C C B W G L H R B S A
S S C H L A G Z E U G O T C
I P R E Z L Z U G L T O I H
E U I R E L M H Y J K T F E
F S R E S C H A C H G W T N
M F Y M L B O R O B O T E R
E O O U C E F A H R R A D V
```

FLUGZEUG
BALL
FAHRRAD
BOOT
BÜCHER
AUTO
SCHACH
TON
KUNSTHANDWERK
BUNTSTIFTE

PUPPE
SCHLAGZEUG
FAVORIT
SPIELE
PHANTASIE
DRACHEN
PUZZLE
ROBOTER
ZUG
LKW

48 - Vehicles

```
L K W W O H N W A G E N U F
K R A N K E N W A G E N B E
J U A E V C Z Z P N R H O T
F L U G Z E U G U Y Q K O R
Ä T T W K U S G S G M G T Y
H R O K D B P J R V T M K
R D O F C A B T R A K T O R
E A D L L H O U S K R A T H
D L M O L N O K S E P X O G
Y D O S L E T S Q T Y I R R
B U C S R I R O T E N R P L
H U B S C H R A U B E R A C
W R E I F E N F A H R R A D
K B L T L Y S T A N H H B U
```

FLUGZEUG
KRANKENWAGEN
FAHRRAD
BOOT
BUS
AUTO
WOHNWAGEN
FÄHRE
HUBSCHRAUBER
MOTOR

FLOSS
RAKETE
ROLLER
U-BOOT
U-BAHN
TAXI
REIFEN
TRAKTOR
ZUG
LKW

49 - Flowers

```
G A R D E N I E M L Q V H S
X L P O X M L B I I I Z I O
D Ö L R R N S L D H U L B N
K W U C C O M Ü A G J Y I N
L E M H M W S T R A U S S E
E N E I W J D E G S D X K N
E Z R D M A G N O L I E U B
T A I E U S C B J E M V S L
U H A E S M E L F U O J C U
L N W Y L I L A D M H K P M
P D J L O N I T A N N U P E
E D E V V F X T Z M J O R V
P F I N G S T R O S E L K I
P A S S I O N S B L U M E N
```

STRAUSS
KLEE
LÖWENZAHN
GARDENIE
HIBISKUS
JASMIN
LILA
LILIE
MAGNOLIE
ORCHIDEE
PASSIONSBLUME
PFINGSTROSE
BLÜTENBLATT
PLUMERIA
MOHN
ROSE
SONNENBLUME
TULPE

50 - Town

```
I X K Z H G K Q P U E K B B
B M H Z O A L N F X Z I L M
H Y A E T L I U L G I N U J
B A N K E E N J U L B O M S
M U N W L R I L G X Ä V E M
M U X R L I K Z H S C C N S
A S S U P E R M A R K T H C
R T G E S C H Ä F T E H Ä H
K A F V U P G F E N R E N U
T D J J Q M N L N G E A D L
B I B L I O T H E K I T L E
W O J O A P O T H E K E E Z
U N I V E R S I T Ä T R R O
B U C H H A N D L U N G O O
```

FLUGHAFEN
BÄCKEREI
BANK
BUCHHANDLUNG
KINO
KLINIK
BLUMENHÄNDLER
GALERIE
HOTEL
BIBLIOTHEK

MARKT
MUSEUM
APOTHEKE
SCHULE
STADION
GESCHÄFT
SUPERMARKT
THEATER
UNIVERSITÄT
ZOO

51 - Antarctica

```
E W A S S E R V Ö G E L G G
X D P F M K V W O L K E N E
P I N G U I N E Y E O U N O
E Y Z P Z L M W M T N M G G
D L J W E K I B I S T W Y R
I B Y I H E G U N C I E C A
T Z B F A V R C E H N L P P
I N S E L N A H R E E T G H
O Z F L B Q T T A R N I G I
N V S S I R I G L L T A S E
S U Y I N E O Q I K T S F J
I O G G S P N B E B Z U X N
D K S Z E W A U N Q E E N V
U D T E L F O R S C H E R G
```

BUCHT
VÖGEL
WOLKEN
ERHALTUNG
KONTINENT
UMWELT
EXPEDITION
GEOGRAPHIE
GLETSCHER

EIS
INSELN
MIGRATION
MINERALIEN
PINGUINE
HALBINSEL
FORSCHER
FELSIG
WASSER

52 - Ballet

```
K Z T S T I L Q L H A T G R
I Ü Q B M U S I K I N E E H
N V N W T R V V B U M C S Y
T M U S K E L B I X U H T T
E S E J T X N P D X T N E H
N A P U B L I K U M I I E M
S Q P R O B E I I Z G K M U
I T K P X R P R A X I S L S
T U Ä K L F Ä H I G K E I T
Ä R L N O A T P I S R L V W
T U B O Z X U V W U C V S P
Y K N V K E U S D M I H M P
K V T E T O R C H E S T E R
C H O R E O G R A P H I E Y
```

APPLAUS
KÜNSTLERISCH
PUBLIKUM
CHOREOGRAPHIE
TÄNZER
GESTE
ANMUTIG
INTENSITÄT
MUSKEL

MUSIK
ORCHESTER
PRAXIS
PROBE
RHYTHMUS
FÄHIGKEIT
STIL
TECHNIK

53 - Human Body

```
I E I S U R U C X P G G W U
T V J J F Q U H G P E T X B
Y B G Y I J J E T E H A U T
H A L S R K F R L V I N E B
K D C U C X R Z U R R S L E
N A S E T R D U K I N N L I
Ö K J S M U N D L K Z M B N
C N J C J K G C H A N D O J
H O H H T F O H R S T I G T
E C E U P I N P T A N P E S
L H L L P N G I F Z U N N N
N E F T M G G E S I C H T O
Q N P E H E K I E F E R V S
M O N R G R H U L I J A P V
```

KNÖCHEL	KOPF
BLUT	HERZ
KNOCHEN	KIEFER
GEHIRN	KNIE
KINN	BEIN
OHR	MUND
ELLBOGEN	HALS
GESICHT	NASE
FINGER	SCHULTER
HAND	HAUT

54 - Musical Instruments

```
M S C H L A G Z E U G P G T
X A D T Q P H G T N I O L A
S K N P T P A E R J T S O M
A W Y D R I R I O P A A C B
X E G Y O K F G M V R U K U
O I U W M L E E M Z R N E R
P B B S P A I W E K E E N I
H A O C E V M N L R M C S N
O N B E T I F A E T N B P B
N J P L E E V T R U D P I P
H O N L Z R D S N I L B E Z
O I M O F L Ö T E L M R L Y
F A G O T T G O N G R B C M
K L A R I N E T T E J J A K
```

BANJO
FAGOTT
CELLO
GLOCKENSPIEL
KLARINETTE
TROMMEL
FLÖTE
GONG
GITARRE
HARFE

MANDOLINE
MARIMBA
OBOE
SCHLAGZEUG
KLAVIER
SAXOPHON
TAMBURIN
POSAUNE
TROMPETE
GEIGE

55 - Fruit

```
H K N P F E I G E N G X P Y
I T R A U B E B J M H J F I
M Z Y P P A P F E L G L I M
B E R A X R V Z E T Y T R M
E A L Y V J I O C G P Z S E
E M N A P O O K C H R I I L
R S I A L B S I O A V T C O
E Z F O N I Q W H S D R H N
B I R N E E F I K P E O V E
H A U M A N G O M Z M N G B
K O K O S N U S S W Y E S E
A N A N A S A K I R S C H E
X Z U F X E V D K S P Y I R
W P D K U N E K T A R I N E
```

APFEL
APRIKOSE
AVOCADO
BANANE
BEERE
KIRSCHE
KOKOSNUSS
FEIGE
TRAUBE
GUAVE

KIWI
ZITRONE
MANGO
MELONE
NEKTARINE
PAPAYA
PFIRSICH
BIRNE
ANANAS
HIMBEERE

56 - Kitchen

```
E S S E N F F V D M L M R O
E K A F U T B C A B A X E F
T S E R V I E T T E L Y Z E
D I S N C I W R V X H R E N
G T H S S C H Ü S S E L P L
S E V B T U P K K W U I T Ö
C G W G D Ä S C H W A M M F
H R F Ü G A B E L N K T U F
Ü I R K R T D C S A S R I E
R L D F R Z I J H B X I U L
Z L V T Q M E S S E R T A G
E K Ü H L S C H R A N K C V
W A S S E R K O C H E R D F
A J G T A S S E N K E L L E
```

SCHÜRZE
SCHÜSSEL
ESSSTÄBCHEN
TASSEN
GABELN
GRILL
KRUG
WASSERKOCHER
MESSER

KELLE
SERVIETTE
OFEN
REZEPT
KÜHLSCHRANK
GEWÜRZE
SCHWAMM
LÖFFEL
ESSEN

57 - Art Supplies

```
L S B F T B E Q Y H B T B R
K E S N A Ü S T U H L O U A
A N I I B R S I D E E N N D
M E E M E S B G B K I T T I
E X K N L T Z E P M S I S E
R J D P L E M R N N T N T R
A B A U E N Z Q Q V I T I G
H O L Z K O H L E Ö F E F U
S T A F F E L E I L T P T M
O A C R Y L A Q Q W E A E M
K R E A T I V I T Ä T P E I
Y Y N R I T F R N X B I U R
W A S S E R S G Y D H E D V
N L P O C E E V M K Y R T L
```

ACRYL
BÜRSTEN
KAMERA
STUHL
HOLZKOHLE
TON
FARBEN
BUNTSTIFTE
KREATIVITÄT
STAFFELEI

RADIERGUMMI
LEIM
IDEEN
TINTE
ÖL
PAPIER
BLEISTIFTE
TABELLE
WASSER

58 - Science Fiction

```
B Ü C H E R K E R G V O Z Z
F C H T X Q L X O E Y R T K
A N E E T V C P B H F A V W
N L M C R L S L O E J K W S
T E I H E Z D O T I R E D I
A G K N M S Y S E M P L O L
S P A O A A S I R N K I N O
T L L G A T O M I C M N L
I A I O A X O N F S V A Z J
S N E G Z X P O C V B G F M
C E N I K G I U T O P I E F
H T P E C Y E E O L T N U J
Z W Q X W E L T R L F Ä E Y
I L L U S I O N S U O R R N
```

ATOMIC
BÜCHER
CHEMIKALIEN
KINO
DYSTOPIE
EXPLOSION
EXTREM
FANTASTISCH
FEUER
GALAXIE

ILLUSION
IMAGINÄR
GEHEIMNISVOLL
ORAKEL
PLANET
ROBOTER
TECHNOLOGIE
UTOPIE
WELT

59 - Airplanes

```
G Z M E H Ö H E L W E R L A
E M A R B A K V U S W I Z B
S H O U N N O J F T D C L E
C A B T I D R E T D Q H K N
H T P R O P E L L E R T U T
I M A A X R A D P R J U D E
C O B A L L O N A Z N N O U
H S S F Y T J D S A V G D E
T P T B R E N N S T O F F R
E H I M M E L L A N D U N G
T Ä E L H L C Z G N O X Q N
F R G L O A R T I A A U U F
G E Y T R T E D E S I G N U
I O U J U H W N R Q E P Q X
```

ABENTEUER
LUFT
ATMOSPHÄRE
BALLON
CREW
ABSTIEG
DESIGN
RICHTUNG
MOTOR

BRENNSTOFF
HÖHE
GESCHICHTE
LANDUNG
PASSAGIER
PILOT
PROPELLER
HIMMEL

60 - Ocean

```
A W L T T S T B X Q A I A A
H B T R P U F D Z S F A L W
S E E T A N G P D V Q I G A
K C S C H I L D K R Ö T E L
O G H A A L L E R S I J N Q
R X V W L R N L A T Z F Z U
A H A I A Z Z F K U Z I F A
L Z S W U M F I E R G S U L
L X M B S W M N L M A C C L
E E U I T H K B Y X J H W E
S E N T E O G A R N E L E N
B K F C R T H U N F I S C H
R P B F A H D B Y V Z J L U
G E Z E I T E N K R A B B E
```

ALGEN
KORALLE
KRABBE
DELFIN
AAL
FISCH
QUALLE
KRAKE
AUSTER
RIFF

SALZ
SEETANG
HAI
GARNELE
SCHWAMM
STURM
GEZEITEN
THUNFISCH
SCHILDKRÖTE
WAL

61 - Birds

```
P F A U K A K S T R A U S S
E U B F A H Z U S Y Z F P N
L G Y N N U T U C S P T A E
I R X F A H J V H K E Z T X
K Q J G R N F E W Z U O Z U
A P E T I M L W A P U C R H
N A D L E R A W N H R I K E
E N T E N P M K R Ä H E U I
A V C H V R I S T O R C H Z
M M B I O E N N T O U C A N
C Ö Z N G I G E G R Q L O F
Q Z W W E H O J I U G A N S
L A N E L E V F Z C I K O Q
P N Q H I R W Q M J V N M H
```

KANARIENVOGEL
HUHN
KRÄHE
KUCKUCK
ENTE
ADLER
EI
FLAMINGO
GANS
MÖWE
REIHER
STRAUSS
PFAU
PELIKAN
PINGUIN
SPATZ
STORCH
SCHWAN
TOUCAN

62 - Art

Q	P	E	R	S	Ö	N	L	I	C	H	P	S	E
M	O	E	I	N	F	A	C	H	K	D	O	K	H
G	R	L	Q	T	N	Z	N	J	E	Z	E	U	R
S	T	I	M	M	U	N	G	G	R	H	S	L	L
S	R	N	G	X	V	U	Q	M	A	W	I	P	I
C	Ä	S	E	A	U	Y	C	Y	M	X	E	T	C
H	T	P	G	U	A	N	O	I	I	V	T	U	H
A	I	I	E	S	K	K	P	N	K	M	L	R	A
F	E	R	N	D	Y	O	R	I	G	I	N	A	L
F	R	I	S	R	R	M	V	I	S	U	E	L	L
E	E	E	T	U	M	P	B	J	R	R	A	U	L
N	N	R	A	C	Z	L	J	O	L	Z	O	H	N
R	U	T	N	K	G	E	M	Ä	L	D	E	I	A
K	W	R	D	L	S	X	U	V	M	C	W	T	K

KERAMIK
KOMPLEX
SCHAFFEN
AUSDRUCK
EHRLICH
INSPIRIERT
STIMMUNG
ORIGINAL
GEMÄLDE

PERSÖNLICH
POESIE
PORTRÄTIEREN
SKULPTUR
EINFACH
GEGENSTAND
SYMBOL
VISUELL

63 - Nutrition

```
S G Y N M T Q N U C R K F W
L E S Ä V I T A M I N O L B
F S X H U O A O I S R H Ü Z
E C G R I L M R D P V L S R
R H E S S B A R Q R E E S G
M M S T O X I N U O R N I K
E A U O O J A F A T D H G A
N C N F D B H E L E A Y K L
T K D F T B D P I I U D E O
A A P P E T I T T N U R I R
T S O S S E Ä T Ä E N A T I
I R A K X L T H T Q G T E E
O A U S G E W O G E N E N N
N G E W I C H T Y M R V A N
```

APPETIT
AUSGEWOGEN
BITTER
KALORIEN
KOHLENHYDRATE
DIÄT
VERDAUUNG
ESSBAR
FERMENTATION
GESCHMACK

GESUND
FLÜSSIGKEITEN
NÄHRSTOFF
PROTEINE
QUALITÄT
SOSSE
TOXIN
VITAMIN
GEWICHT

64 - Hiking

```
L N H C C W J F S S K G Q V
Q F K B O W M P C T L E P O
M Ü D E R N M Z H I I F B R
W H Z R I N P V W E P A G B
S R D G E K A W E F P H G E
Y E D X N H R T R E E R I R
M R J Q T B K I U L Z E P E
K T R X I C S E W R P N F I
B X S C E Z G R I A R O E T
K Y T Y R T D E L O S W L U
A L E G U Y K R D I A S F N
R V I K N C A M P I N G E G
T P N M G J Y P R F P V Y R
E X E O A T Z R Z S O N N E
```

TIERE
STIEFEL
CAMPING
KLIPPE
KLIMA
FÜHRER
GEFAHREN
SCHWER
KARTE
BERG

NATUR
ORIENTIERUNG
PARKS
VORBEREITUNG
STEINE
GIPFEL
SONNE
MÜDE
WASSER
WILD

65 - Professions #1

```
K S C H N E I D E R J K A K
Z T G S H N M R D E U L R A
C J A E K P C L I C W E Z R
H Z L E O R O Q T H E M T T
F R D M T L P R O T L P Q O
T H V A P M O I R S I N D G
D R U N V U F G A A E E I R
B O A N X S Z M E N R R R A
T N S I X I U K R W I G K P
C M R O N K T U D A Q S C H
N L J Ä G E R N Y L I N T E
T Ä N Z E R R I G T Z F F H
A S T R O N O M K P O W I T
C F B A N K I E R Y V B M O
```

ASTRONOM
RECHTSANWALT
BANKIER
KARTOGRAPH
TRAINER
TÄNZER
ARZT
EDITOR

GEOLOGE
JÄGER
JUWELIER
MUSIKER
PIANIST
KLEMPNER
SEEMANN
SCHNEIDER

66 - Dinosaurs

```
E G S C H W A N Z P B F R A
V R A U D R Z L O R E O E L
O Ö D J B R T U T Ä U S P L
L S X E Ö B C R J H T S T E
U S C A S T L A D I E I I S
T E P M A M M U T S N L L F
I I Z H R G T B Z T O I M R
O K G X T B R V R O R E C E
N Z W A I M E O Q R M N A S
B J F E G H T G S I X D R S
W P T Y Q P S E W S R N T E
J P V M B I V L B C S H G R
F L Ü G E L E B Q H L T B F
V E R S C H W I N D E N E H
```

VERSCHWINDEN
ERDE
ENORM
EVOLUTION
FOSSILIEN
GROSS
MAMMUT
ALLESFRESSER
PRÄHISTORISCH
BEUTE
RAUBVOGEL
REPTIL
GRÖSSE
ART
SCHWANZ
BÖSARTIG
FLÜGEL

67 - Barbecues

```
H E I S S X D S I R H S I G
U M S U X N L L A H I A B E
H U S K A G E N B L P L Q M
N S S P Y A C L E M Z A R Ü
T I J Z I B L R N U R T E S
O K N F R E U N D E P E F E
M T V F C L L M E S S E R B
A A B A X N S E S W S J U U
T L N M E F F S S I P B C X
E G R I L L Y E E H J V H N
N S J L Q K K I N D E R T C
J R S I Q F M L M S O S S E
V D N E S O M M E R E X Z X
P K H U N G E R I U D F N K
```

HUHN
KINDER
ABENDESSEN
FAMILIE
ESSEN
GABELN
FREUNDE
FRUCHT
SPIELE
GRILL

HEISS
HUNGER
MESSER
MUSIK
SALATE
SALZ
SOSSE
SOMMER
TOMATEN
GEMÜSE

68 - Surfing

```
Y P D K S X K S P S R T A W
V V N C S O Q P A C G A T S
C M U D W Z X R D H I L S Z
S T Ä R K E A D A K H O A
P F Z R A A L Y E U A F D Q
A K N J A N S L L M Y J W K
S N E H J D A I E X T R E M
S C H W I M M E N S M G T D
A N F Ä N G E R B T A O T M
J D Y D O S N N M I G R E E
G Q M Y M C A T H L E T R N
C H A M P I O N M X N X R G
R I F F S J N S T R A N D E
B E L I E B T D U Q D P F N
```

ATHLET
STRAND
ANFÄNGER
CHAMPION
MENGEN
EXTREM
SCHAUM
SPASS
OZEAN
PADDEL

BELIEBT
RIFF
SPRAY
MAGEN
STÄRKE
STIL
SCHWIMMEN
WELLE
WETTER

69 - Chocolate

```
A Q G K Z E R D N Ü S S E O
R P A A O U K M Z U C K E R
O W K R Q K T Y S H S K Q E
M C A A Q O O A W N A A U Z
A H L M X Z N S T Y F K A E
O R O E F A W N N D C A L P
V E R L A N G E N U M O I T
C Q I L V F O X E Y S A T T
G F E X O N Z O P L H S Ä J
P A N U R Y I T U A U Z T R
U M A S I M B I T T E R E Z
E C T Q T G E S C H M A C K
S Ü S S N G Q C L E S S E N
K Ö S T L I C H L L E U R M
```

AROMA
BITTER
KAKAO
KALORIEN
KARAMELL
KOKOSNUSS
VERLANGEN
KÖSTLICH
EXOTISCH

FAVORIT
ZUTAT
ERDNÜSSE
QUALITÄT
REZEPT
ZUCKER
SÜSS
GESCHMACK
ESSEN

70 - Vegetables

```
B Y E C P S P I N A T T D P
A L D U I A K E Z D F O U E
R U U M L L M D Y F L M E T
A E B M Z A H T I E O A Q E
R R T E E T W A T D J T V R
T B T T R N A G U R K E S S
I S L J I G K A R O T T E I
S E A L O C I O T H Z K L L
C T Q X Y Y H N H F W Ü L I
H N W G X F P V E L I R E E
O K N O B L A U C H E B R R
C B R O K K O L I T B I I Ü
K I N G W E R K B Q E S E B
E S C H A L O T T E L H W E
```

ARTISCHOCKE
BROKKOLI
KAROTTE
BLUMENKOHL
SELLERIE
GURKE
AUBERGINE
KNOBLAUCH
INGWER
PILZ

ZWIEBEL
PETERSILIE
ERBSE
KÜRBIS
RETTICH
SALAT
SCHALOTTE
SPINAT
TOMATE
RÜBE

71 - Boats

```
S E I L S E E F L U S S A F
E E R A X U F K F C G V G G
G D E L N T C M R L Q Q Y D
E A E M A S T V Y P W L A C
L N B E A H Y V I V Q N C X
B K J E O N A U T I S C H N
O E T R V L N W T V B U T D
O R E T T U N G S B O O T J
T X L R X D O N R E J Y B I
S V G D E M O T O R E L E I
C T F G H K Z C F L O S S H
X R F Ä H R E L K A N U X Z
F T E I J K A J A K G X T R
P S F W O X N Q A Z H X B J
```

ANKER
BOJE
KANU
CREW
DOCK
MOTOR
FÄHRE
KAJAK
SEE
RETTUNGSBOOT

MAST
NAUTISCH
OZEAN
FLOSS
FLUSS
SEIL
SEGELBOOT
SEEMANN
MEER
YACHT

72 - Activities and Leisure

```
W B S F D O G G H W P O R
V A X X O K B E A F K P B F
T S N Q L M J M R Z U J M U
A E A D F H I Ä T E N N I S
N B R N E M O L E N S K C S
X A G E G R M D N E T S A B
B L G L I E N E A W N C M A
H L A O I S L M R R H H P L
W N A R R D E N B E H W I L
B O X E N Y M A E N E I N R
T A U C H E N Q I N S M G Y
M Q S U R F E N T E J M F A
H O B B I E S D O N E E R E
B A S K E T B A L L O N M Y
```

KUNST
BASEBALL
BASKETBALL
BOXEN
CAMPING
TAUCHEN
ANGELN
GARTENARBEIT
GOLF

WANDERN
HOBBIES
GEMÄLDE
RENNEN
FUSSBALL
SURFEN
SCHWIMMEN
TENNIS
REISE

73 - Driving

```
S T B G A R A G E B A W S L
I U T R A N S P O R T U I E
C N V G E K I E I E R N T P
H N M E N N T C Y M E F E O
E E K F R E N V M S I A L L
R L K A W K J S O E B L N I
H A P H A A E P T N E L N Z
E W W R M R R H O O R K P E
I V B X T T N Q R Y F W L I
T H U Q V E B G K O T F I S
S T R A S S E A H L F G Z R
X X N O F U S S G Ä N G E R
M O T O R R A D F E B J N H
G A J J K V O Y T V S G Z V
```

UNFALL
BREMSEN
AUTO
GEFAHR
TREIBER
BRENNSTOFF
GARAGE
GAS
LIZENZ
KARTE

MOTOR
MOTORRAD
FUSSGÄNGER
POLIZEI
SICHERHEIT
STRASSE
VERKEHR
TRANSPORT
LKW
TUNNEL

74 - Professions #2

```
Z G R N Z X P M D M U J R H
A Ä I E O R H G B A U E R C
H R W R O M I U D L C P S T
N T E F L F L M U E L I U D
A N B I O L O G E R E L N E
R E W N G W S T Y O H O A T
Z R H D E Y O O O Y R T R E
T M N E F Y P Q L G E W Z K
V E N R D C H I R U R G T T
A S T R O N A U T P F A Y I
B I B L I O T H E K A R F V
I N G E N I E U R Q Y Y C V
I L L U S T R A T O R S J O
M D N Y J O U R N A L I S T
```

ASTRONAUT
BIOLOGE
ZAHNARZT
DETEKTIV
INGENIEUR
BAUER
GÄRTNER
ILLUSTRATOR
ERFINDER
JOURNALIST

BIBLIOTHEKAR
MALER
PHILOSOPH
FOTOGRAF
ARZT
PILOT
CHIRURG
LEHRER
ZOOLOGE

75 - Emotions

```
R E L I E F S G D L B L V T
E R B Ü B E R R A S C H E N
K T L W W L V A N G S T A O
F T R A U R I G K E I T S C
L R O C R T W A B G T J E L
I N E I S Y M P A T H I E A
E Q D U J Z U F R I E D E N
B I F M D S V G Q U B K C G
E A U F G E R E G T H X T E
X Z Ä R T L I C H K E I T W
B E S C H Ä M T Y V K R G E
G R G O B I N H A L T U E I
X B F R I E D E N B C H T L
E N T S P A N N T P A E I E
```

WUT
LANGEWEILE
RUHIG
INHALT
BESCHÄMT
AUFGEREGT
ANGST
DANKBAR
FREUDE
LIEBE
FRIEDEN
ENTSPANNT
RELIEF
TRAURIGKEIT
ZUFRIEDEN
ÜBERRASCHEN
SYMPATHIE
ZÄRTLICHKEIT
RUHE

76 - Mythology

```
K A T A S T R O P H E V K D
R R H V W B Z T X E O E U O
E C M E J P L Q J L P R L N
A H O K L A E I G D L H T N
T E N R V D T B T R E A U E
I T S I I L I B Z Z G L R R
O Y T E K F A N D I E T L E
N P E G L B F B W J N E B W
N K R E A T U R Y A D N J J
S T Ä R K E R Y D R E L F N
P O Y Q G O T T H E I T E N
S T E R B L I C H S W N W Z
F R A C H E H I M M E L T F
E I F E R S U C H T R I X H
```

ARCHETYP
VERHALTEN
KREATION
KREATUR
KULTUR
GOTTHEITEN
KATASTROPHE
HIMMEL
HELD
HELDIN

EIFERSUCHT
LABYRINTH
LEGENDE
BLITZ
MONSTER
STERBLICH
RACHE
STÄRKE
DONNER
KRIEGER

77 - Hair Types

```
L A N G J B R U U M R V F E
H O N F E E A W X T G W A D
G S C H W A R Z Ö P F E R Ü
L L H K P S B L O N D I B N
R F Ä J E C R N W R I C I N
G X C N O N A U S J S H G P
D P A Q Z D U E V Q G T N P
K G R A U E N V N F E J O V
U A Q D B A N V Z Q S O Q Y
R C H X E T K D R D U T J G
Z M S L O C K I G I N B E S
W E L L I G C M E C D V Q A
W E I S S T R O C K E N K G
Q G E F L O C H T E N E H I
```

KAHL
SCHWARZ
BLOND
GEFLOCHTEN
ZÖPFE
BRAUN
FARBIG
LOCKEN
LOCKIG
TROCKEN

GRAU
GESUND
LANG
GLÄNZEND
KURZ
WEICH
DICK
DÜNN
WELLIG
WEISS

78 - Furniture

```
D S X T J F R C K U I K Z B
D K S Q T U V F S T U H L E
U I C M A T R A T Z E Ä A T
L S H R T O C V I O A N M T
S S R E G N D S O R S G P G
E E E G B A N K S R C E E S
S N I A I O S O W O H M P P
S B B L G U U M U P R A U I
E K T Y F H Q M Q Y A T N E
L T I J I X X O U I N T C G
F W S B E T T D E C K E O E
B Ü C H E R R E G A L T U L
F D H D Q Q O T E P P I C H
W Q R J Z R Q Q R X O R H K
```

SESSEL KOMMODE
SCHRANK FUTON
BETT HÄNGEMATTE
BANK LAMPE
BÜCHERREGAL MATRATZE
STUHL SPIEGEL
BETTDECKE KISSEN
COUCH TEPPICH
VORHANG REGAL
SCHREIBTISCH

79 - Garden

```
R O B P F E W G Q N G Q R B
E L B O D E N A F Y O L W L
C P A S W Q H R G R A S B U
H V N K T N E A Z D H P N M
E E K H T G W G M A N D L E
N R Z Ä E B A E J O U E S T
R A Q N R U K R A S E N C R
E N T G R S N V T E I C H A
J D S E A C J T X E R Y L M
B A U M S H K D O X N W A P
Y Z D A S C H A U F E L U O
G A R T E N T H A S W I C L
J P O T U N K R A U T H H I
K N J E W Y M D D V S K J N
```

BANK
BUSCH
ZAUN
BLUME
GARAGE
GARTEN
GRAS
HÄNGEMATTE
SCHLAUCH
RASEN
OBSTGARTEN
TEICH
VERANDA
RECHEN
SCHAUFEL
BODEN
TERRASSE
TRAMPOLIN
BAUM
UNKRAUT

80 - Birthday

```
S B W C S G E S C H E N K F
F P Y W B P F B S F D G A R
U V A D C Z E B X C U J X E
X S R S P I Z U H W Q F U
G W J L S P E S I J A H R N
R C K C O K R E A A G C E D
K G B O Q L M D K V L X U E
W E I S H E I T A G Ü P D Y
N M P R K R C Q R G C S I J
G I X B N N D I T Z K P G F
R S K A L E N D E R L P E Y
K E R Z E N J I N W I I W H
Z E I T L X P N K U C H E N
G E B O R E N N C X H U V D
```

GEBOREN   GESCHENK
KUCHEN   GLÜCKLICH
KALENDER   FREUDIG
KERZEN   LIED
KARTEN   SPEZIAL
FEIER   ZEIT
TAG   LERNEN
FREUNDE   WEISHEIT
SPASS   JAHR

81 - Beach

```
K T P S M E O S Q H Z O S S
R D B E R I F F O H Z N A C
A U B G K K Y K Q N W A N H
B B P E D I J G G R N N D W
B B D L K B F Z S G Y E A I
E U O B B H P C A X Q K L M
Z R C O L A G U N E I Ü E M
K L K O T N J F D Y N S N E
D A Y T U D B L A U S T N N
R U K K N T M R V J E E F J
A B V C E U U M U R L C Z I
M H F T B C S W E R J V T E
B Z F A W H O O Z E A N I X
B R E G E N S C H I R M Q E
```

BLAU
BOOT
KÜSTE
KRABBE
DOCK
INSEL
LAGUNE
OZEAN
RIFF

SEGELBOOT
SAND
SANDALEN
MEER
SONNE
SCHWIMMEN
HANDTUCH
REGENSCHIRM
URLAUB

82 - Adjectives #1

```
A G N W T C S C H W E R Y G
Y R S O F H Y D D A R R J L
Y S O Z E I H R U F N Y P Ü
K Z U M I B L A N G S A M C
R B Q B A U I I K V T K H K
B W I C H T I G E X A D I L
M O D E R N I E L E B E L I
L B D A D L I S H Q S X F C
W E R T V O L L C R O O R H
A T T R A K T I V H L T E N
G R O S S Z Ü G I G U I I X
E H R G E I Z I G N T S C D
F X V Y I D E N T I S C H H
D Ü N N F L A Z T S C H Ö N
```

ABSOLUT
EHRGEIZIG
AROMATISCH
ATTRAKTIV
SCHÖN
DUNKEL
EXOTISCH
GROSSZÜGIG
GLÜCKLICH
SCHWER

HILFREICH
EHRLICH
IDENTISCH
WICHTIG
MODERN
ERNST
LANGSAM
DÜNN
WERTVOLL

83 - Rainforest

```
Y V X W Z U F L U C H T S J
V X V O L H J X X D N H Z X
G Ö V L A M P H I B I E N A
E P G K L I M A R T U K V D
M Ü B E R L E B E N M I H S
E Q O N L U I K U J W N D J
I F T E I N H E I M I S C H
N J A I Z C U R S V J E J O
S C N A T U R E S P E K T D
C V I E L F A L T K L T P E
H L S W E R T V O L L E F A
A V C Z I P C Q L B P N T Q
F S H S Ä U G E T I E R E J
T D S C H U N G E L M O O S
```

AMPHIBIEN
VÖGEL
BOTANISCH
KLIMA
WOLKEN
GEMEINSCHAFT
VIELFALT
EINHEIMISCH
INSEKTEN

DSCHUNGEL
SÄUGETIERE
MOOS
NATUR
ZUFLUCHT
RESPEKT
ART
ÜBERLEBEN
WERTVOLL

84 - Technology

```
H A Z W D F S S T W O W B D
B W Y D I L O Z H A U Y R A
W T N R G H Z R W H E X O T
B S Y I I Z J G S Y F I W E
S I H A T J A X D C Z R S N
C C L K A M E R A U H Y E D
O H H D L A I X T R A U R R
M E W R S B Y T E S N M N P
P R D L I C H Y I O Z B K G
U H M F Z F H N U R E L B S
T E G T N U T I L O I O G U
E I S O F T W A R E G G I W
R T V I R U S C R M E X Q W
D D O O Z V V I R T U E L L
```

BLOG
BROWSER
BYTES
KAMERA
COMPUTER
CURSOR
DATEN
DIGITAL
ANZEIGE

DATEI
SCHRIFTART
FORSCHUNG
BILDSCHIRM
SICHERHEIT
SOFTWARE
VIRTUELL
VIRUS

85 - Landscapes

```
F A N E Q U W J N O Z E A N
W A S S E R F A L L M D U J
Q S L K Y H U N F L B E R G
D H A L B I N S E L J S E T
W Ü S T E I N S E L U N F R
H G G L E T S C H E R S H C
Ö E L M I S T R A N D X S B
H L A S S N E T U N D R A E
L O V U B V E E G E Y S I R
E D U M E Q N N E V K A C C
W S L P R Y U Z O V C H N H
D K K F G U T W E H K Y N T
O O A S E B A C X G C G G R
K P N H R R L Y P N G O V M
```

STRAND
HÖHLE
WÜSTE
GEYSIR
GLETSCHER
HÜGEL
EISBERG
INSEL
SEE
BERG

OASE
OZEAN
HALBINSEL
FLUSS
MEER
SUMPF
TUNDRA
TAL
VULKAN
WASSERFALL

86 - Visual Arts

```
P P K B L E I S T I F T M M
E O E M X S C H A B L O N E
K N R R G L R E F O T O R I
Ü U A T S T T H F I A C O S
N S M R R P G E M Ä L D E T
S T I F T Ä E S B M A M H E
T A K W K N T K L A C K O R
L F L A R F E U T T O N L W
E F J C E R A L C I O Q Z E
R E L H I E P P X S V U K R
W L R S D M A T U R H E O K
I E C G E Z U U P R D E H H
M I I H A F L R T E C Y L S
K R E A T I V I T Ä T L E S
```

KÜNSTLER
KERAMIK
KREIDE
HOLZKOHLE
TON
KREATIVITÄT
STAFFELEI
FILM
MEISTERWERK
GEMÄLDE

STIFT
BLEISTIFT
PERSPEKTIVE
FOTO
PORTRÄT
SKULPTUR
SCHABLONE
LACK
WACHS

87 - Plants

```
B L U M E M T Q Z I T F Q F
R E J R B O H N E E N P G C
S F E F W O X G F L O R A F
D T K R O S T R E S Y O R T
P Ü E X E B L A U B Q W T I
S F N M Q A L S N S Y A E I
M O J G T U M T B I R L N J
Q W R Q E M O A N Z K D Q X
B U S C H R F M R V A N B F
U R A X O N H M E Q K S A N
C Z B B S U M E G I T A M P
V E G E T A T I O N U P B Y
Y L E B M F N T K E S S U M
S B L Ü T E N B L A T T S O
```

BAMBUS
BOHNE
BEERE
BOTANIK
BUSCH
KAKTUS
DÜNGER
FLORA
BLUME
LAUB

WALD
GARTEN
GRAS
EFEU
MOOS
BLÜTENBLATT
WURZEL
STAMM
BAUM
VEGETATION

88 - Countries #2

```
Ä L I B A N O N T D A R D O
Y T M E X I K O B Ä K U C N
S F H A I T I U P N T S J S
C O L I B E R I A E P S J Y
T V M D O E A Y H M A L O R
Z H R A V P P A X A K A Z I
L A O S L D I K L R I N U E
S U D A N I M E C K S D K N
G G G S D R A Q N A T K R E
Y A L B A N I E N N A M A E
R N J A P A N M Y E N L I K
E D N I G E R I A P V N N C
J A M A I K A T M A P X E X
N G R I E C H E N L A N D Y
```

ALBANIEN
DÄNEMARK
ÄTHIOPIEN
GRIECHENLAND
HAITI
JAMAIKA
JAPAN
LAOS
LIBANON
LIBERIA
MEXIKO
NEPAL
NIGERIA
PAKISTAN
RUSSLAND
SOMALIA
SUDAN
SYRIEN
UGANDA
UKRAINE

89 - Ecology

```
V M I Z V X P E D Z M H P N
U I F M F E X Y R C A S F A
G L E A D W G Z I N R U L T
L E K L I M A E Q Q I M A Ü
O N M F F F M J T S N P N R
B Ü V E V A Y A N A E F Z L
A B F H I U L X A R T C E I
L E L V J N R T T P M I N C
E R O S C A S M U G A L O H
D L R T O C M C R K J A K N
Ü E A Y P T J V H F Q D T Y
R B E R G E F P U A A G C M
R E S S O U R C E N F R I H
E N A C H H A L T I G T H B
```

KLIMA	BERGE
GEMEINSCHAFT	NATÜRLICH
VIELFALT	NATUR
DÜRRE	PFLANZEN
FAUNA	RESSOURCEN
FLORA	ART
GLOBAL	ÜBERLEBEN
MARINE	NACHHALTIG
SUMPF	VEGETATION

90 - Adjectives #2

```
Y T D P R O D U K T I V B B
D R B R K R E A T I V V E E
N O E N A T Ü R L I C H R G
D C S M S M S W I L D E Ü A
D K C S C T A D Y S I Z H B
K E H E H G L T J W R D M T
S N R G L R Z G I J J Y T R
T Z E A Ä E I A E S T A R K
O D I Z F Z G M Z S C W T U
L V B T R J H A Y N U H X N
Z L E Y I V E R N D X N G E
X S N P G E I U M T N R D U
B W D K D U S H U N G R I G
I N T E R E S S A N T Z N L
```

KREATIV
BESCHREIBEND
DRAMATISCH
TROCKEN
ELEGANT
BERÜHMT
BEGABT
GESUND
HEISS
HUNGRIG

INTERESSANT
NATÜRLICH
NEU
PRODUKTIV
STOLZ
SALZIG
SCHLÄFRIG
STARK
WILD

91 - Math

```
G L E I C H U N G W X D X A
G E O M E T R I E I G R X K
D I V I S I O N F N L M S F
S Y M M E T R I E K A Y D D
P A R A L L E L J E O J J R
Z N R U M F A N G L V L V E
Z A D I N O Q U A D R A T I
R B H U T R A D I U S P D E
N K H L B H S U M M E O E C
J C V H E V M B F S G L Z K
B N S S Y N W E O P P Y I S
E X P O N E N T T K D G M V
R E C H T E C K D I S O A H
B R U C H T E I L V K N L Z
```

WINKEL	ZAHLEN
ARITHMETIK	PARALLEL
UMFANG	POLYGON
DEZIMAL	RADIUS
DIVISION	RECHTECK
GLEICHUNG	QUADRAT
EXPONENT	SUMME
BRUCHTEIL	SYMMETRIE
GEOMETRIE	DREIECK

92 - Water

```
Y N G Y D L F L U S S U I B
F L S C H N E E W I O W J E
E L Z N U U R E S Z E F W
U U U J R A C L L P E D R Ä
C D K T R Q H O L M A I O S
H Y C J I W T C E B N X S S
T X H K K T I T N V H C T E
I R I M A S G E Y S I R R R
A L I Z N X K C R E D Z E U
K H C N H L E K X E U X G N
X T V O K D I D U S C H E G
L Y Z O W B T M O N S U N J
K A N A L D A M P F X T L U
B G O D L P S R P O Z F M E
```

KANAL
FEUCHT
TRINKBAR
FLUT
FROST
GEYSIR
HURRIKAN
EIS
BEWÄSSERUNG
SEE

FEUCHTIGKEIT
MONSUN
OZEAN
REGEN
FLUSS
DUSCHE
SCHNEE
DAMPF
WELLEN

93 - Activities

```
F A F G Q L R K K Z Y N X G
R K O F X E W U V U I N W A
E T T J X S X N E U N V B R
I I O A K E X S R Y D S P T
Z V G G N D T G N P M T E
E I R D Ä Z R H N A C K D N
I T A J H A E Ü K D Q A A
T Ä F O E G A N G E L N H R
Y T I Y N C T D E U O Q Y B
U F E F A M H W N H D B K E
S P I E L E S E M A G I E I
C A M P I N G R T E J H D T
W A N D E R N K E R A M I K
Z R I N T E R E S S E N D F
```

AKTIVITÄT
KUNST
CAMPING
KERAMIK
KUNSTHANDWERK
TANZEN
ANGELN
SPIELE
GARTENARBEIT
WANDERN
JAGD
INTERESSEN
FREIZEIT
MAGIE
FOTOGRAFIE
VERGNÜGEN
LESEN
NÄHEN

94 - Literature

```
A N E K D O T E I R B V K B
C T E R Z Ä H L E R I E G E
F J S T I L R A U T O R E S
M E I N U N G E D H G G D C
A N A L Y S E Z I E R L I H
M E T A P H E R A M A E C R
W L S K D A X R L A P I H E
G V X Q D E N B O J H C T I
L E Y I T S F A G M I H A B
P O E T I S C H L R E D X U
R H Y T H M U S D O O Z H N
T R A G Ö D I E D G G M M G
G P I F M A V V R F H I A N
Y F I K T I O N H T N S E N
```

ANALOGIE
ANALYSE
ANEKDOTE
AUTOR
BIOGRAPHIE
VERGLEICH
BESCHREIBUNG
DIALOG
FIKTION
METAPHER

ERZÄHLER
ROMAN
MEINUNG
GEDICHT
POETISCH
REIM
RHYTHMUS
STIL
THEMA
TRAGÖDIE

95 - Geography

```
Z X R Q O R X Z U H B G U I
X K G L A N D O J D C A S N
B R E I T E P T P C V L T S
K F B F L U S S Ü D E N A E
O H I P A N E S I O W O D L
N I E I S H Ö H E R E Q T S
T X T M N O R D E N S D V A
I B J U I M E E R M T C B X
N F D V P S M E R I D I A N
E K A R T E P W R E G I O N
N E P U P J Y H E U S T I K
T S B E R G F K Ä L B Y A J
T N N I T O G L P R T H R Z
U X Q M T F O C O Z E A N V
```

HÖHE
ATLAS
STADT
KONTINENT
LAND
HEMISPHÄRE
INSEL
BREITE
KARTE
MERIDIAN

BERG
NORDEN
OZEAN
REGION
FLUSS
MEER
SÜDEN
GEBIET
WEST
WELT

96 - Vacation #1

```
S S T R A S S E N B A H N E
X F L U G Z E U G X Z S L N
K R W C K O F F E R K X P T
D F A K L L W R O U T E X S
J L E S J L Y E I T V X A P
T A F A H R K A R T E P W A
L O H C B M F U U L I E Ä N
M M U K I R L T G T X D H N
L U F R J R E O I J D I R U
V L S Z I T W I L B Q T U N
R P E E L S Z K S E C I N G
Z H E E U I T P X E N O G S
N R R O M M K U H Y N N P J
A S C H W I M M E N M I T A
```

FLUGZEUG
RUCKSACK
AUTO
WÄHRUNG
ZOLL
ABREISE
EXPEDITION
ROUTE

SEE
MUSEUM
ENTSPANNUNG
KOFFER
FAHRKARTE
SCHWIMMEN
TOURIST
STRASSENBAHN

97 - Pets

```
L E I N E J S J D K A T Z E
Z I E G E N C J S E X X P S
O U E J X Q H E Q I E V F C
S L K U H G W S J D P M I H
D Q B Ä Y G A S P E T C S I
I P F O T E N E A C O M C L
T C M E L Z Z N P H M J H D
E I P V W M C W A S M H U K
W Q E C Z Z D H G E A A N R
A E R R K R A G E N U S D Ö
S Y L S A Y Q O I N S E R T
S S F P J R H A M S T E R E
E Y O V E N Z E Y L H D L X
R Y B T T H L T Q Y Q U L Q
```

KATZE	EIDECHSE
KRAGEN	MAUS
KUH	PAPAGEI
HUND	PFOTEN
FISCH	WELPE
ESSEN	HASE
ZIEGE	SCHWANZ
HAMSTER	SCHILDKRÖTE
KÄTZCHEN	TIERARZT
LEINE	WASSER

98 - Nature

```
W A L D F L U S S U I T C L
Ü R T W E R O S I O N D C E
S K R Q F B I E N E N K U B
T T O M W W T E T I E R E E
E I P Z Y L X T D B W G E N
T S I J G X N F C L A U B S
U W S S C H Ö N H E I T G W
U O C A G W O L K E N C O I
Z H H G L E T S C H E R H C
B E R G E Y G J C E X E N H
H E I L I G T U M I W O M T
D Y N A M I S C H T C I G I
H I T N E B E L F E B S L G
T X N P S Q J Q O R G V U D
```

TIERE	WALD
ARKTIS	GLETSCHER
SCHÖNHEIT	BERGE
BIENEN	FRIEDLICH
WOLKEN	FLUSS
WÜSTE	HEILIGTUM
DYNAMISCH	HEITER
EROSION	TROPISCH
NEBEL	LEBENSWICHTIG
LAUB	WILD

99 - Championship

```
P E R F O R M A N C E M S M
A T M E N O C D T W S A C E
U U E R X O H S R W T N H D
S R I F A N A G A X R N W A
D N S I G M M M I L A S E I
A I T N A O P I N S T C I L
U E E A G T I H E J E H S L
E R R L T I O R R U G A S E
R C S I T V N S I O I F P E
A K C S D A J R P C E T O E
Z S H T L T I G D I H C R O
U B A J V I S I E G E T T I
Q O F R V O G A B Q E L E G
U Z T T L N G A Z K S H E R
```

CHAMPION
MEISTERSCHAFT
TRAINER
AUSDAUER
FINALIST
SPIELE
RICHTER
LIGA
MEDAILLE
MOTIVATION
PERFORMANCE
SCHWEISS
SPORT
STRATEGIE
MANNSCHAFT
ATMEN
TURNIER
SIEG

100 - Vacation #2

```
A U C Y M E E R P H B U A Z
Q A E A U S L Ä N D E R U E
V N K I M G P H E S R L S L
I N S E L P O J O O G A L T
S B T O H A I O U T E U Ä A
U C R U M S U N I R E B N X
M T A S Q S P J G A H L D I
Z I N K H D B D S N A B I Y
I U D S X Z Z Z W S N R S E
E K G D W R Q W H P E Z C X
L A N D K F L U P O L J H T
F R E I Z E I T D R K X H W
H T L H J V D N N T O J T Y
R E I S E F L U G H A F E N
```

FLUGHAFEN
STRAND
CAMPING
ZIEL
AUSLÄNDISCH
AUSLÄNDER
URLAUB
HOTEL
INSEL
REISE

FREIZEIT
KARTE
BERGE
PASS
MEER
TAXI
ZELT
ZUG
TRANSPORT
VISUM

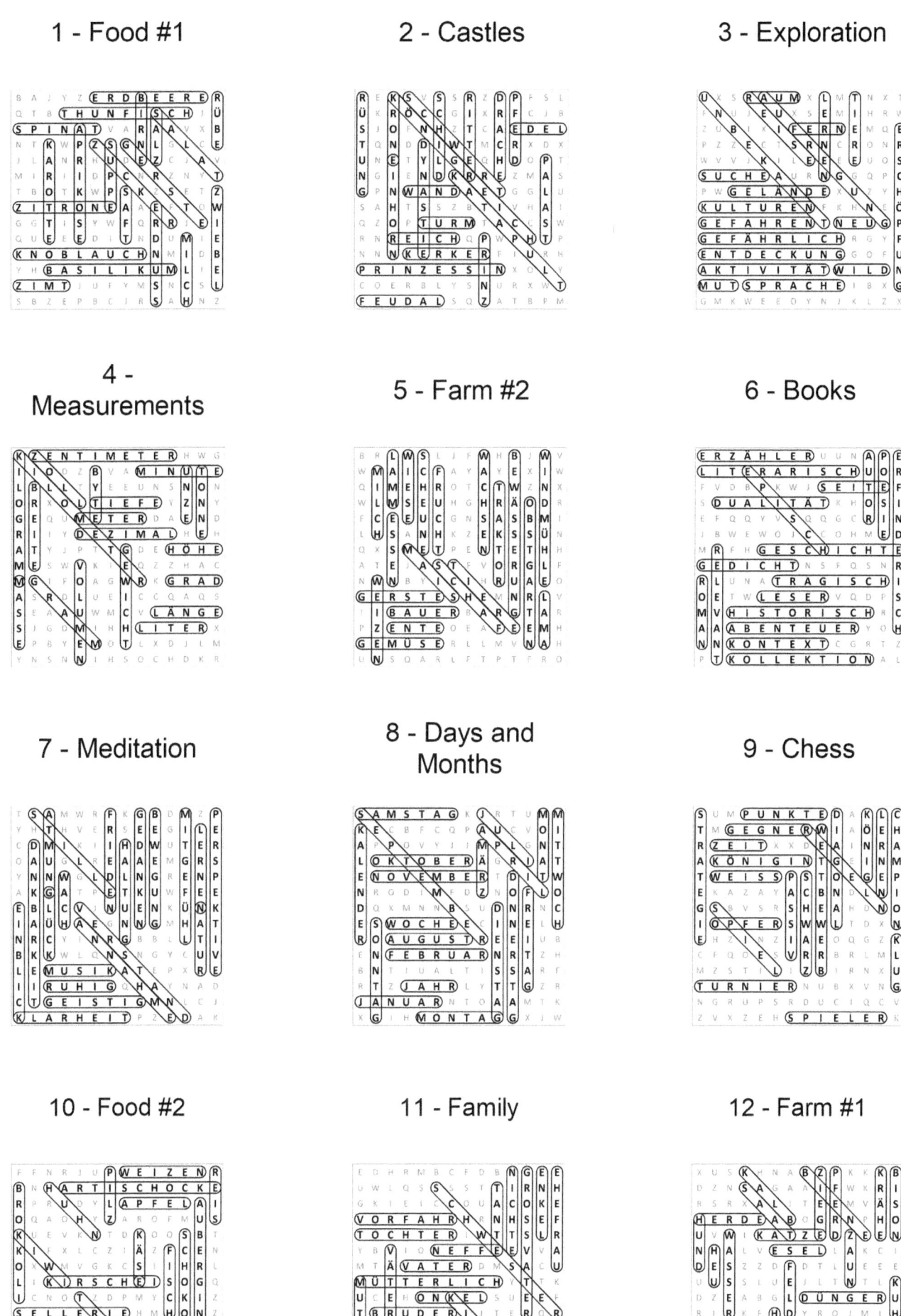

13 - Camping

14 - Conservation

15 - Cats

16 - Numbers

17 - Spices

18 - Mammals

19 - Fishing

20 - Restaurant #1

21 - Bees

22 - Sports

23 - Weather

24 - Adventure

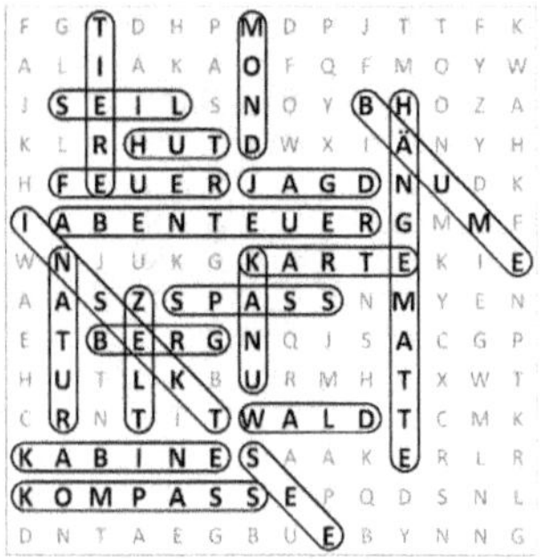

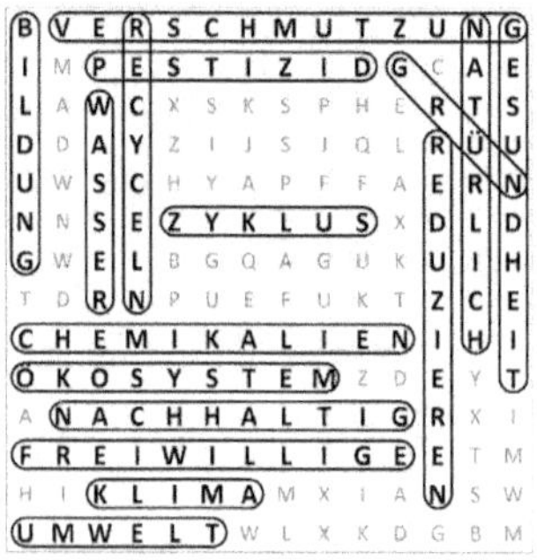

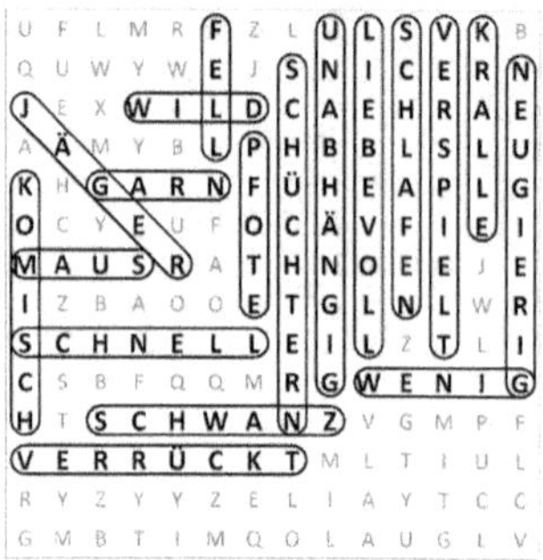

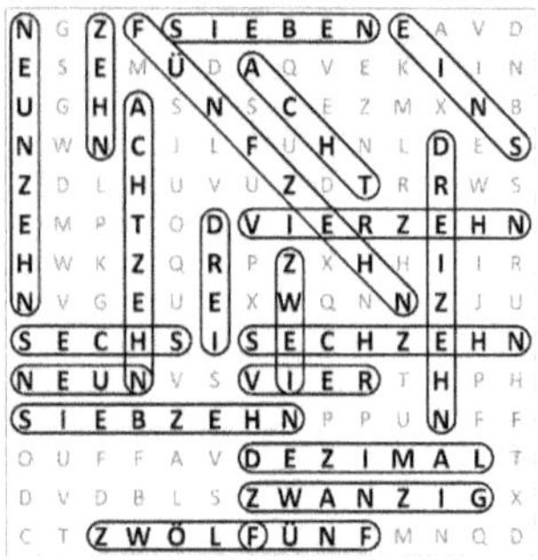

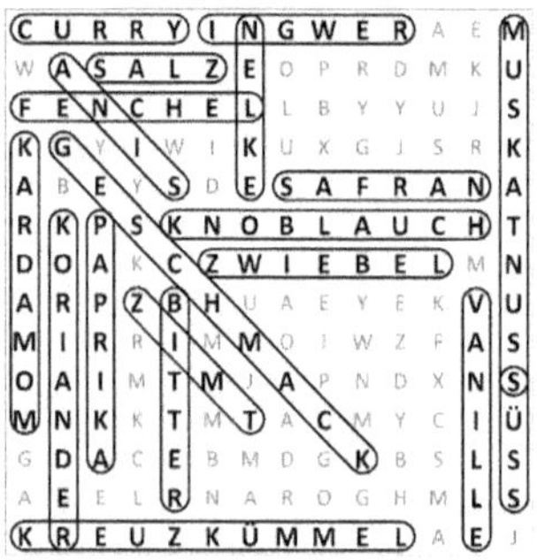

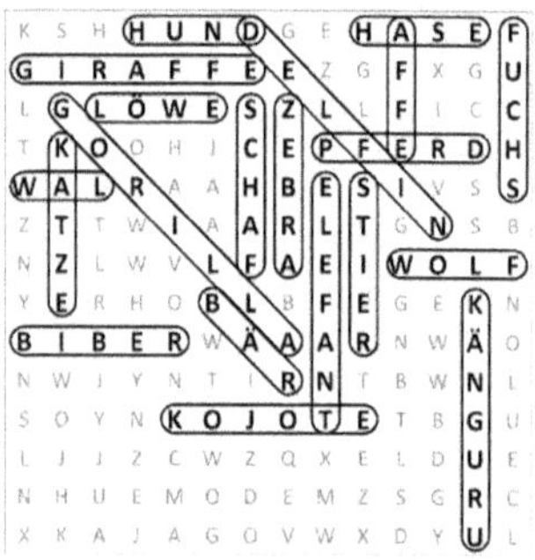

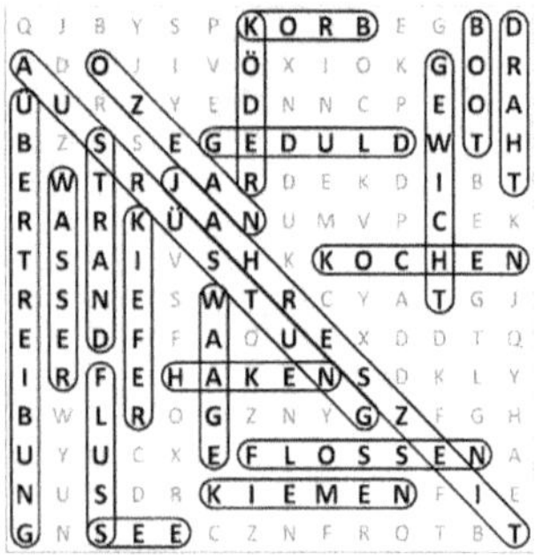

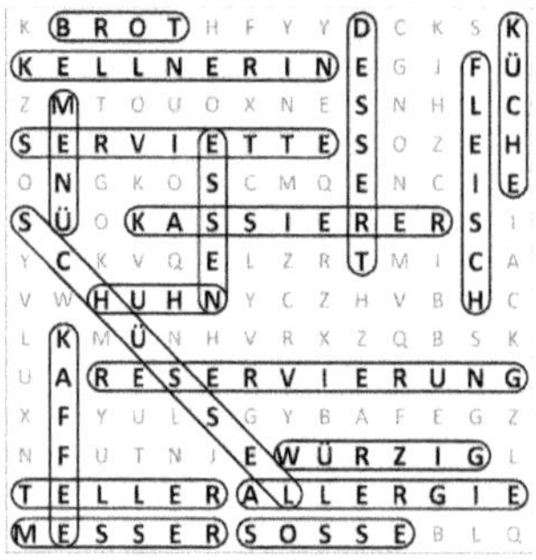

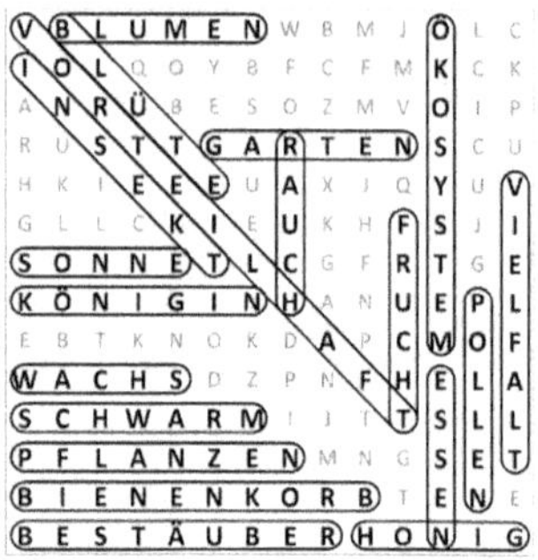

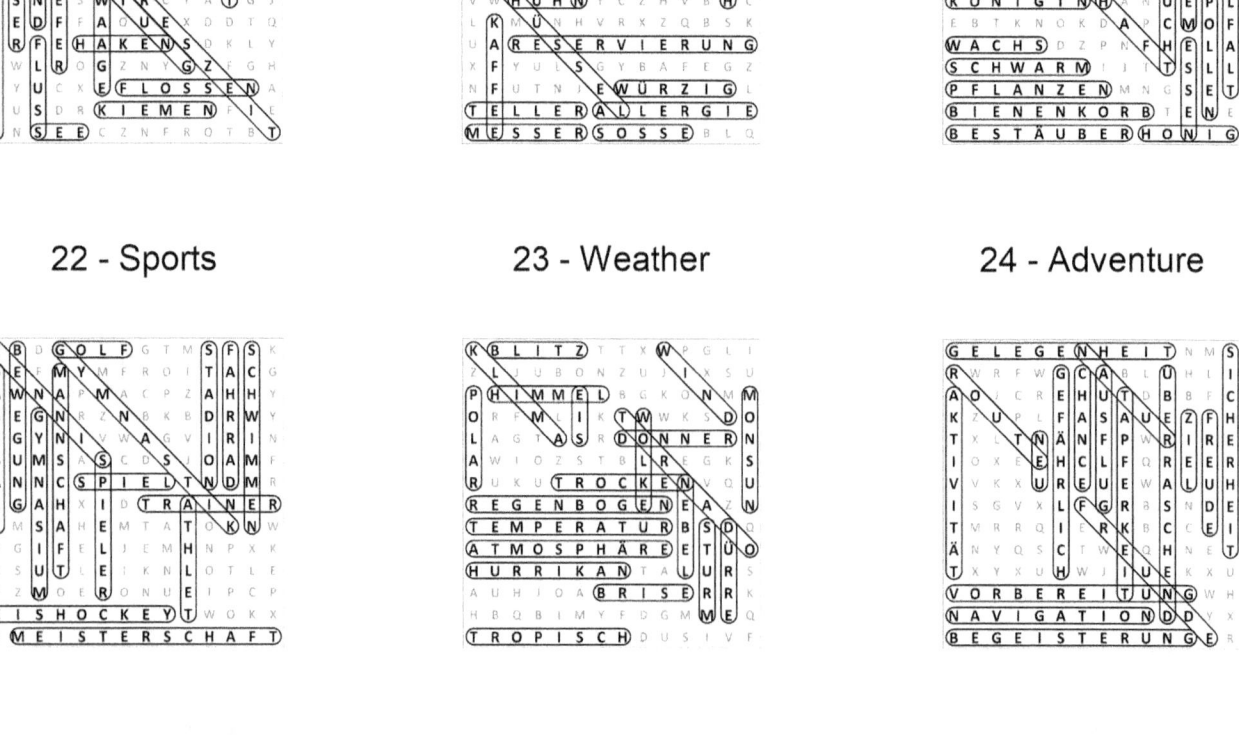

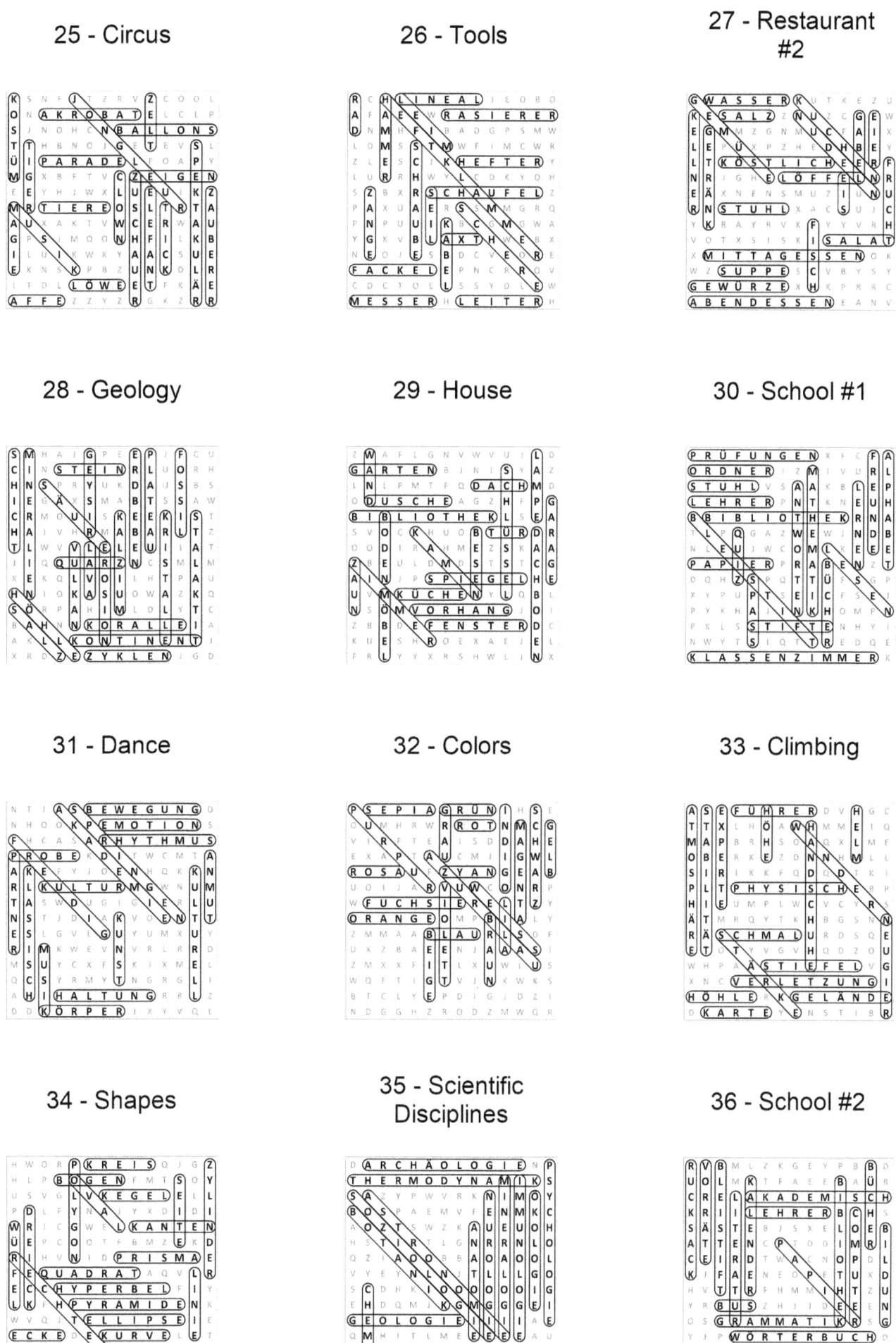

37 - Science

38 - To Fill

39 - Summer

40 - Clothes

41 - Insects

42 - Astronomy

43 - Pirates

44 - Time

45 - Buildings

46 - Herbalism

47 - Toys

48 - Vehicles

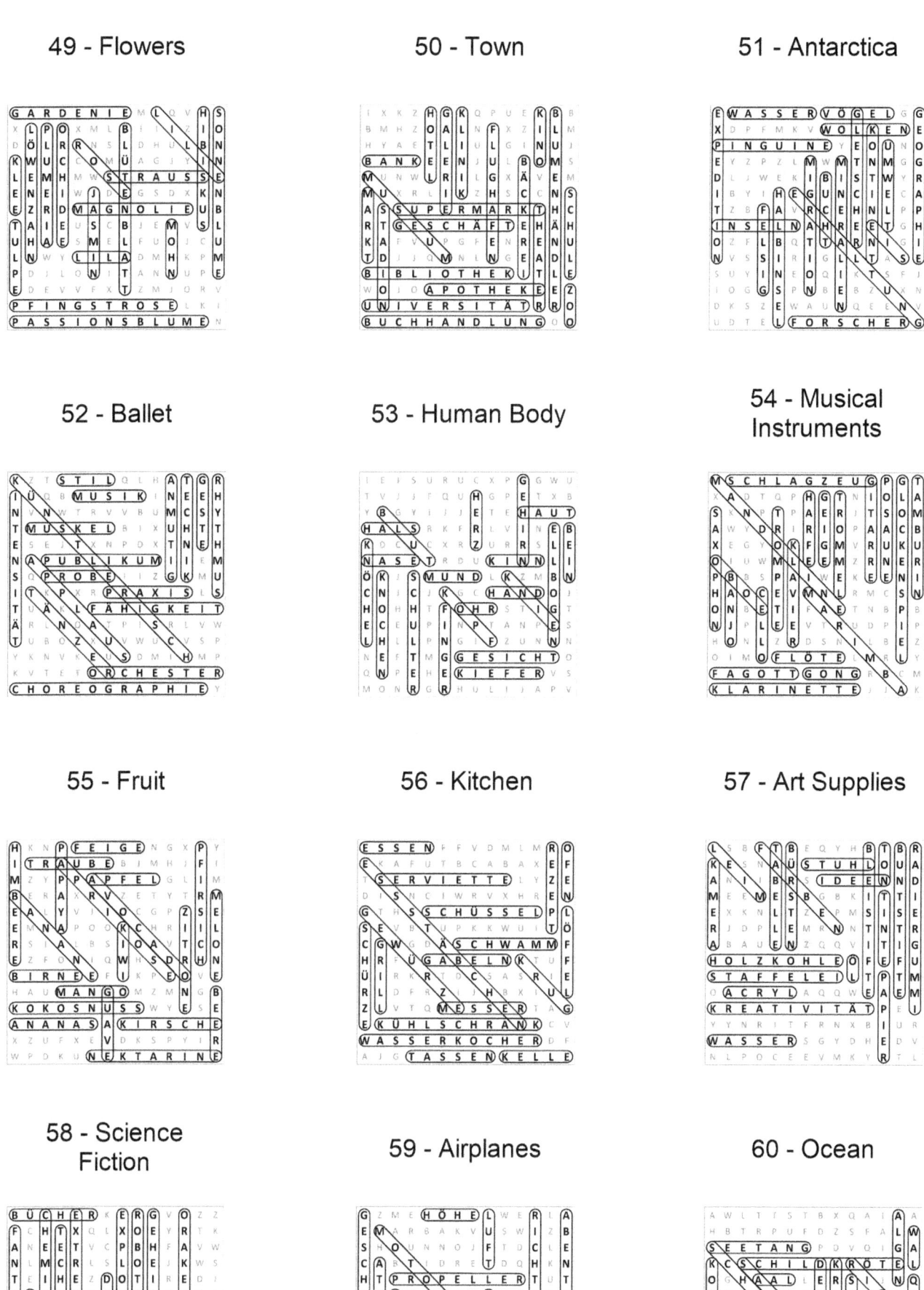

61 - Birds

62 - Art
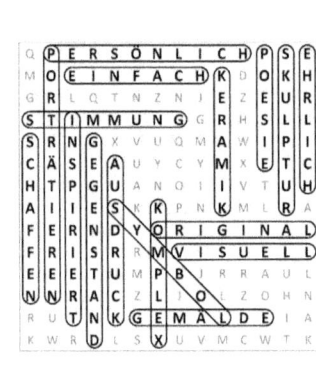

63 - Nutrition
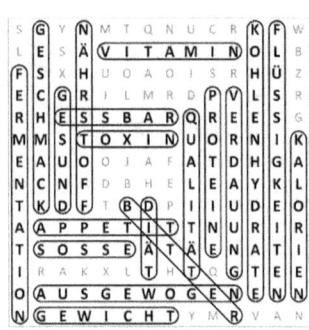

64 - Hiking

65 - Professions #1
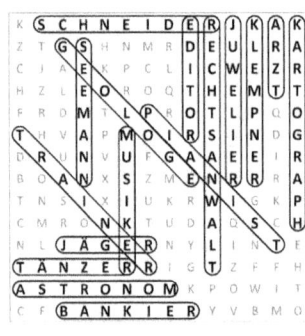

66 - Dinosaurs
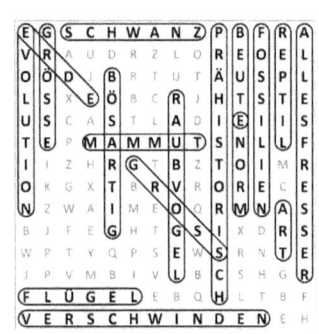

67 - Barbecues
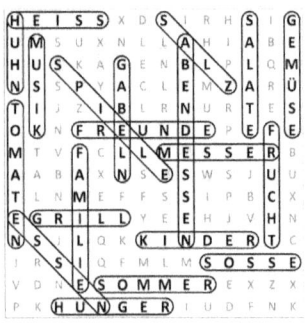

68 - Surfing
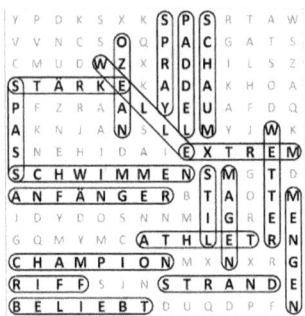

69 - Chocolate
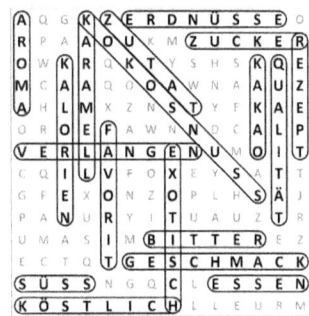

70 - Vegetables
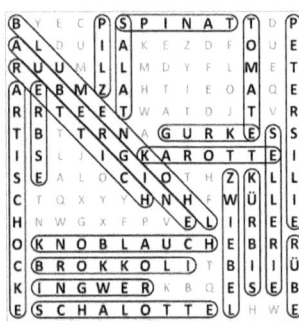

71 - Boats
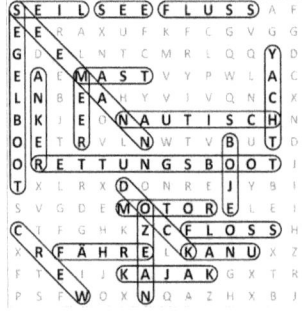

72 - Activities and Leisure
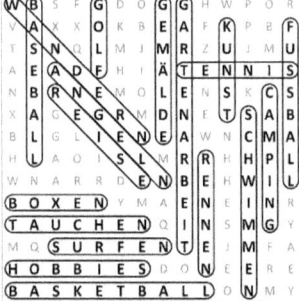

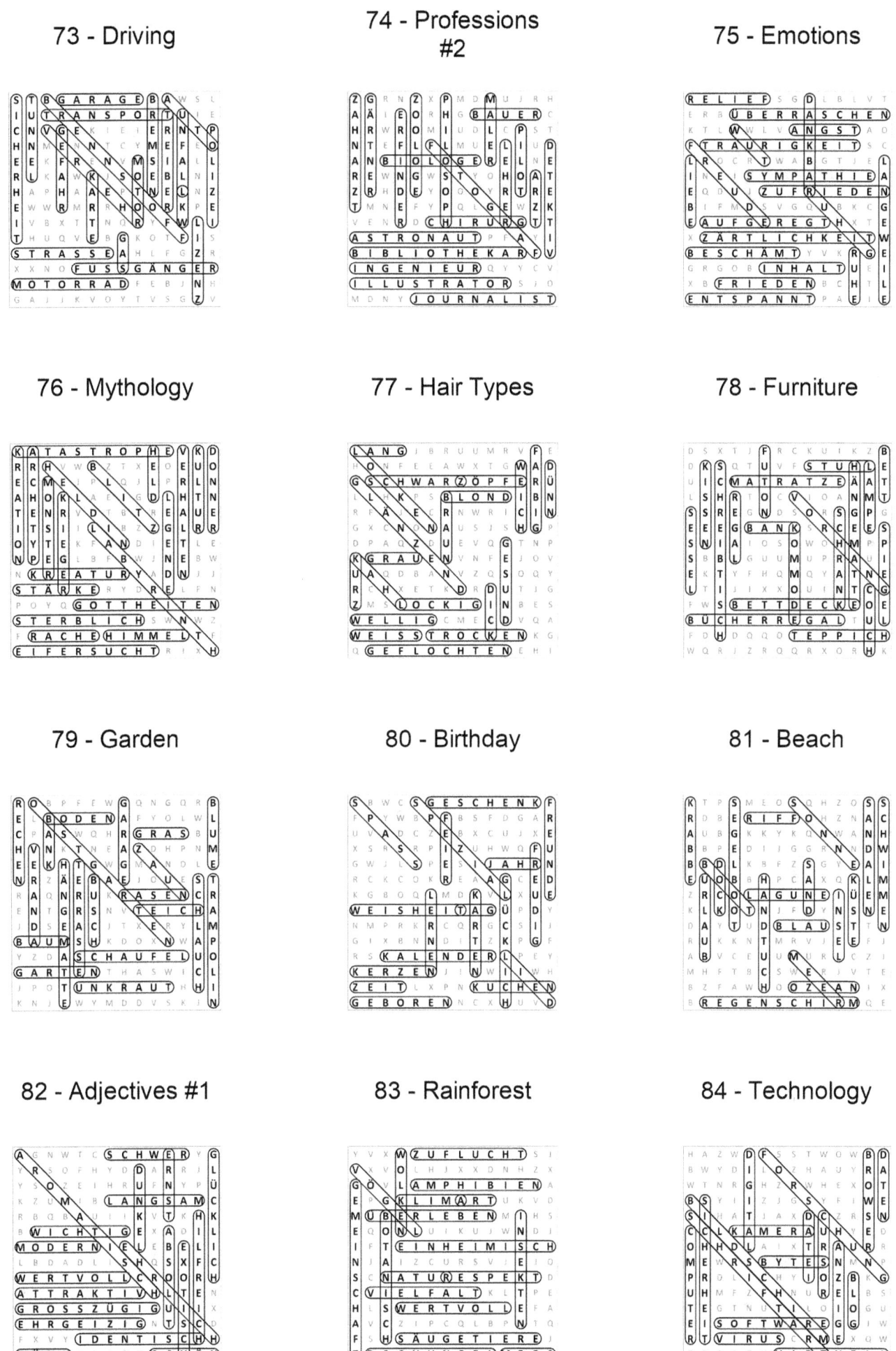

85 - Landscapes

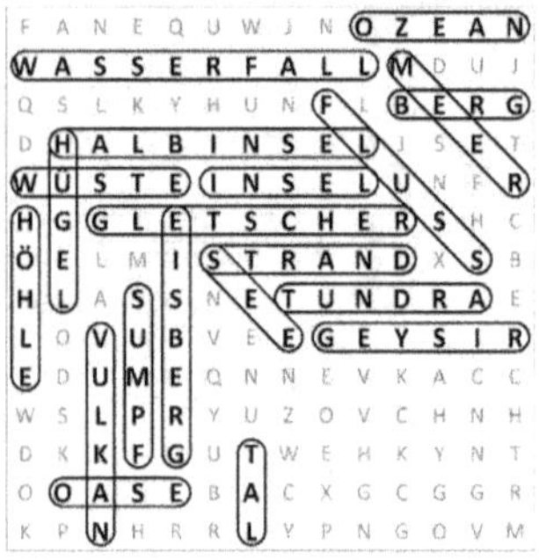

86 - Visual Arts

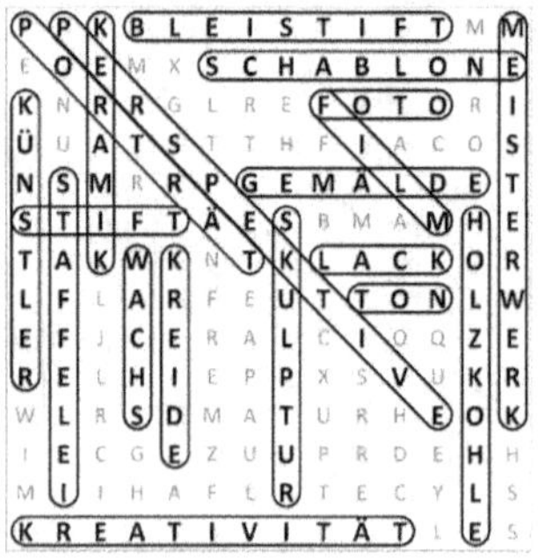

87 - Plants

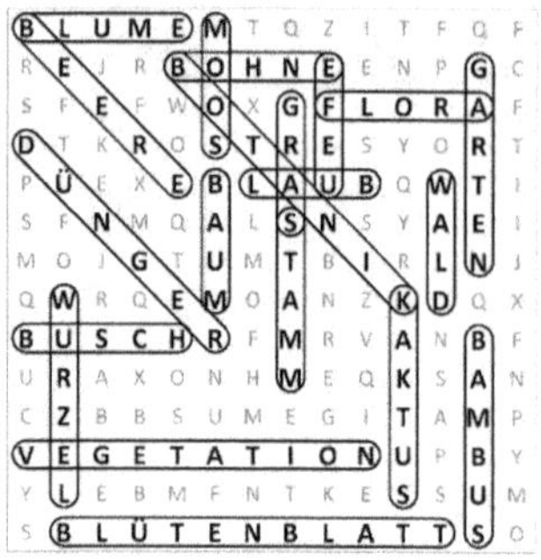

88 - Countries #2

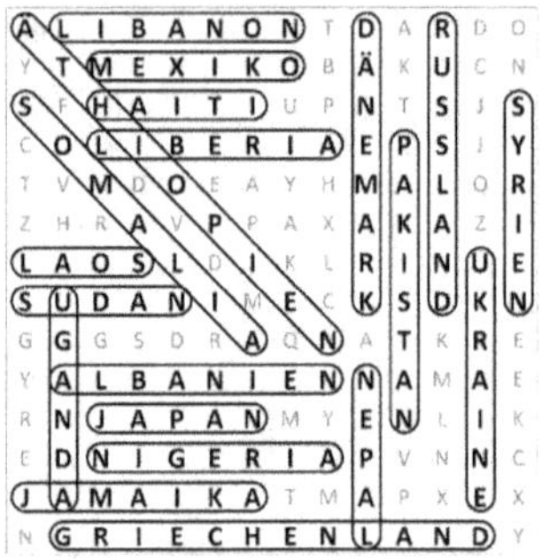

89 - Ecology

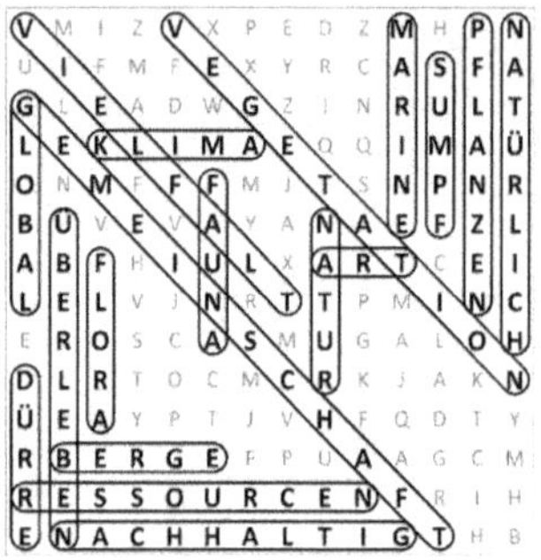

90 - Adjectives #2

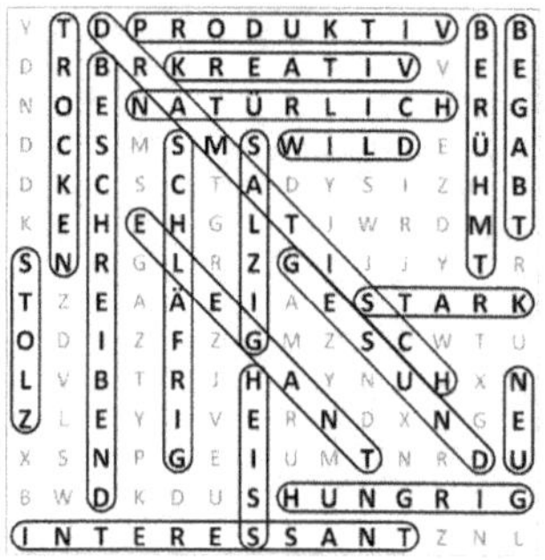

91 - Math

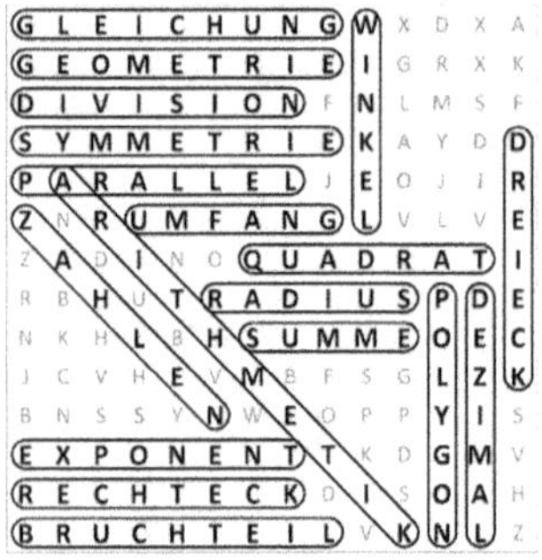

92 - Water

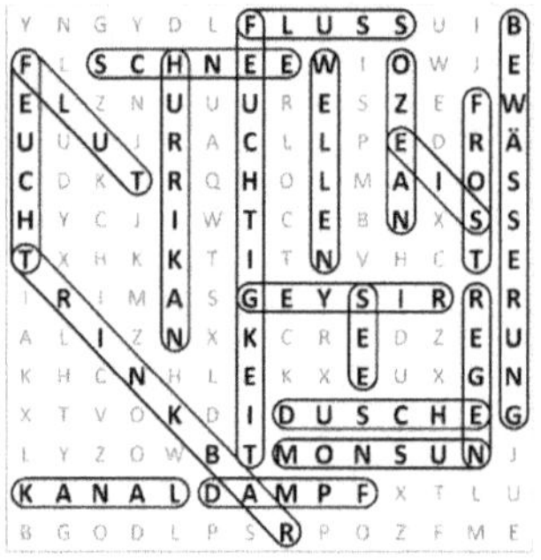

93 - Activities

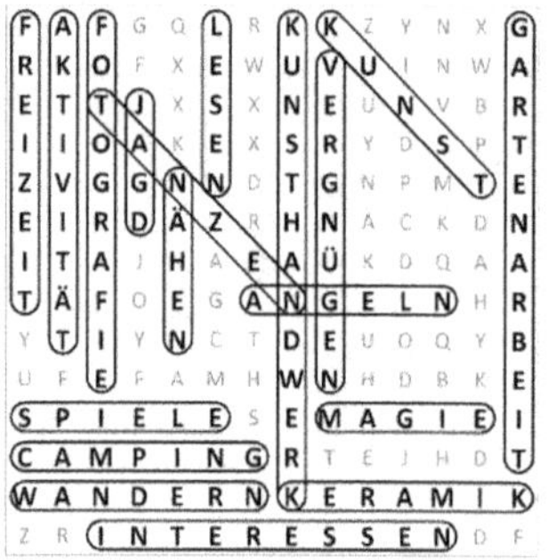

94 - Literature

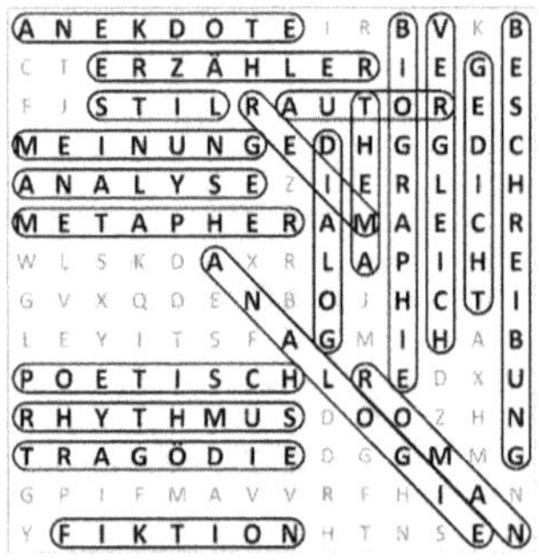

95 - Geography

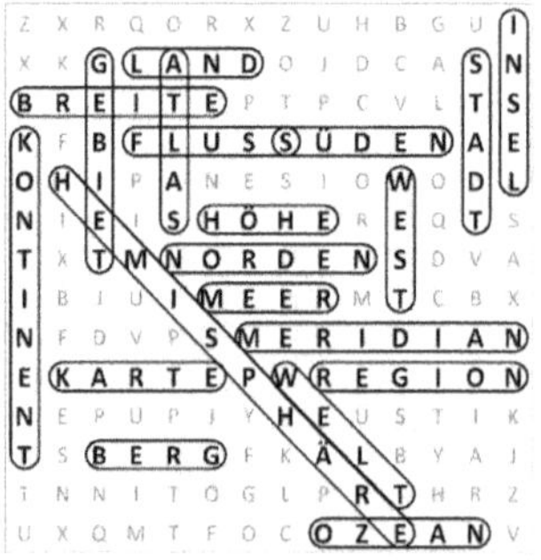

96 - Vacation #1

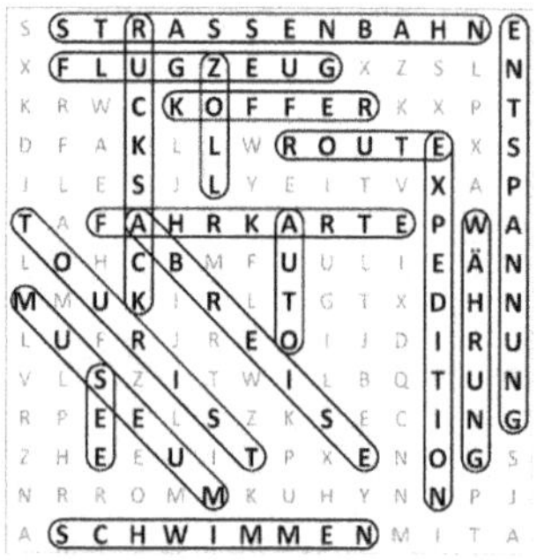

97 - Pets

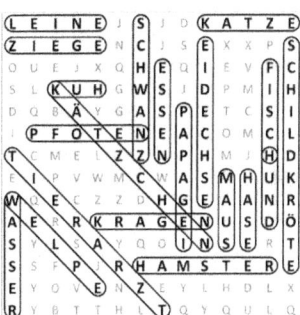

98 - Nature

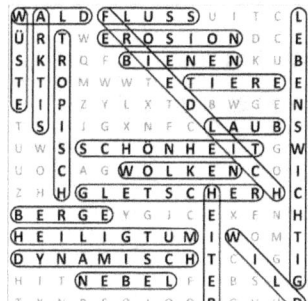

99 - Championship

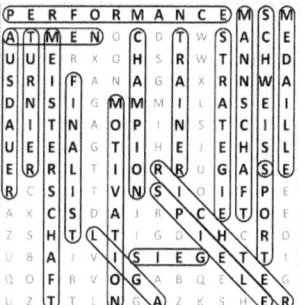

100 - Vacation #2

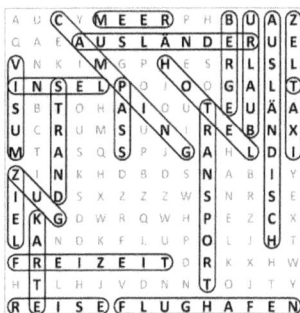

Dictionary

Activities
Aktivitäten

Activity	Aktivität
Art	Kunst
Camping	Camping
Ceramics	Keramik
Crafts	Kunsthandwerk
Dancing	Tanzen
Fishing	Angeln
Games	Spiele
Gardening	Gartenarbeit
Hiking	Wandern
Hunting	Jagd
Interests	Interessen
Leisure	Freizeit
Magic	Magie
Photography	Fotografie
Pleasure	Vergnügen
Reading	Lesen
Relaxation	Entspannung
Sewing	Nähen
Skill	Fähigkeit

Activities and Leisure
Aktivitäten und Freizeit

Art	Kunst
Baseball	Baseball
Basketball	Basketball
Boxing	Boxen
Camping	Camping
Diving	Tauchen
Fishing	Angeln
Gardening	Gartenarbeit
Golf	Golf
Hiking	Wandern
Hobbies	Hobbies
Painting	Gemälde
Racing	Rennen
Relaxing	Entspannend
Soccer	Fussball
Surfing	Surfen
Swimming	Schwimmen
Tennis	Tennis
Travel	Reise
Volleyball	Volleyball

Adjectives #1
Adjektive #1

Absolute	Absolut
Ambitious	Ehrgeizig
Aromatic	Aromatisch
Artistic	Künstlerisch
Attractive	Attraktiv
Beautiful	Schön
Dark	Dunkel
Exotic	Exotisch
Generous	Grosszügig
Happy	Glücklich
Heavy	Schwer
Helpful	Hilfreich
Honest	Ehrlich
Identical	Identisch
Important	Wichtig
Modern	Modern
Serious	Ernst
Slow	Langsam
Thin	Dünn
Valuable	Wertvoll

Adjectives #2
Adjektive #2

Authentic	Authentisch
Creative	Kreativ
Descriptive	Beschreibend
Dramatic	Dramatisch
Dry	Trocken
Elegant	Elegant
Famous	Berühmt
Gifted	Begabt
Healthy	Gesund
Hot	Heiss
Hungry	Hungrig
Interesting	Interessant
Natural	Natürlich
New	Neu
Productive	Produktiv
Proud	Stolz
Salty	Salzig
Sleepy	Schläfrig
Strong	Stark
Wild	Wild

Adventure
Abenteuer

Activity	Aktivität
Beauty	Schönheit
Bravery	Tapferkeit
Chance	Chance
Dangerous	Gefährlich
Destination	Ziel
Difficulty	Schwierigkeit
Enthusiasm	Begeisterung
Excursion	Ausflug
Friends	Freunde
Itinerary	Route
Joy	Freude
Nature	Natur
Navigation	Navigation
New	Neu
Opportunity	Gelegenheit
Preparation	Vorbereitung
Safety	Sicherheit
Surprising	Überraschend
Unusual	Ungewöhnlich

Airplanes
Flugzeuge

Adventure	Abenteuer
Air	Luft
Atmosphere	Atmosphäre
Balloon	Ballon
Construction	Konstruktion
Crew	Crew
Descent	Abstieg
Design	Design
Direction	Richtung
Engine	Motor
Fuel	Brennstoff
Height	Höhe
History	Geschichte
Hydrogen	Wasserstoff
Landing	Landung
Passenger	Passagier
Pilot	Pilot
Propellers	Propeller
Sky	Himmel
Turbulence	Turbulenz

Antarctica
Antarktis

Bay	Bucht
Birds	Vögel
Clouds	Wolken
Conservation	Erhaltung
Continent	Kontinent
Environment	Umwelt
Expedition	Expedition
Geography	Geographie
Glaciers	Gletscher
Ice	Eis
Islands	Inseln
Migration	Migration
Minerals	Mineralien
Penguins	Pinguine
Peninsula	Halbinsel
Researcher	Forscher
Rocky	Felsig
Temperature	Temperatur
Topography	Topographie
Water	Wasser

Art
Kunst

Ceramic	Keramik
Complex	Komplex
Create	Schaffen
Expression	Ausdruck
Honest	Ehrlich
Inspired	Inspiriert
Mood	Stimmung
Original	Original
Paintings	Gemälde
Personal	Persönlich
Poetry	Poesie
Portray	Porträtieren
Sculpture	Skulptur
Simple	Einfach
Subject	Gegenstand
Surrealism	Surrealismus
Symbol	Symbol
Visual	Visuell

Art Supplies
Kunst Liefert

Acrylic	Acryl
Brushes	Bürsten
Camera	Kamera
Chair	Stuhl
Charcoal	Holzkohle
Clay	Ton
Colors	Farben
Crayons	Buntstifte
Creativity	Kreativität
Easel	Staffelei
Eraser	Radiergummi
Glue	Leim
Ideas	Ideen
Ink	Tinte
Oil	Öl
Paper	Papier
Pencils	Bleistifte
Table	Tabelle
Water	Wasser

Astronomy
Astronomie

Asteroid	Asteroid
Astronaut	Astronaut
Astronomer	Astronom
Constellation	Konstellation
Cosmos	Kosmos
Earth	Erde
Eclipse	Finsternis
Galaxy	Galaxie
Meteor	Meteor
Moon	Mond
Nebula	Nebel
Observatory	Observatorium
Planet	Planet
Radiation	Strahlung
Rocket	Rakete
Satellite	Satellit
Sky	Himmel
Solar	Solar
Supernova	Supernova
Zodiac	Tierkreis

Ballet
Ballett

Applause	Applaus
Artistic	Künstlerisch
Audience	Publikum
Ballerina	Ballerina
Choreography	Choreographie
Composer	Komponist
Dancers	Tänzer
Expressive	Ausdrucksvoll
Gesture	Geste
Graceful	Anmutig
Intensity	Intensität
Muscles	Muskel
Music	Musik
Orchestra	Orchester
Practice	Praxis
Rehearsal	Probe
Rhythm	Rhythmus
Skill	Fähigkeit
Style	Stil
Technique	Technik

Barbecues
Barbecues

Chicken	Huhn
Children	Kinder
Dinner	Abendessen
Family	Familie
Food	Essen
Forks	Gabeln
Friends	Freunde
Fruit	Frucht
Games	Spiele
Grill	Grill
Hot	Heiss
Hunger	Hunger
Knives	Messer
Music	Musik
Salads	Salate
Salt	Salz
Sauce	Sosse
Summer	Sommer
Tomatoes	Tomaten
Vegetables	Gemüse

Beach
Strand

Blue	Blau
Boat	Boot
Coast	Küste
Crab	Krabbe
Dock	Dock
Island	Insel
Lagoon	Lagune
Ocean	Ozean
Reef	Riff
Sailboat	Segelboot
Sand	Sand
Sandals	Sandalen
Sea	Meer
Sun	Sonne
To Swim	Schwimmen
Towel	Handtuch
Umbrella	Regenschirm
Vacation	Urlaub

Bees
Bienen

Beneficial	Vorteilhaft
Blossom	Blüte
Diversity	Vielfalt
Ecosystem	Ökosystem
Flowers	Blumen
Food	Essen
Fruit	Frucht
Garden	Garten
Habitat	Lebensraum
Hive	Bienenkorb
Honey	Honig
Insect	Insekt
Plants	Pflanzen
Pollen	Pollen
Pollinator	Bestäuber
Queen	Königin
Smoke	Rauch
Sun	Sonne
Swarm	Schwarm
Wax	Wachs

Birds
Vögel

Canary	Kanarienvogel
Chicken	Huhn
Crow	Krähe
Cuckoo	Kuckuck
Duck	Ente
Eagle	Adler
Egg	Ei
Flamingo	Flamingo
Goose	Gans
Gull	Möwe
Heron	Reiher
Ostrich	Strauss
Parrot	Papagei
Peacock	Pfau
Pelican	Pelikan
Penguin	Pinguin
Sparrow	Spatz
Stork	Storch
Swan	Schwan
Toucan	Toucan

Birthday
Geburtstag

Born	Geboren
Cake	Kuchen
Calendar	Kalender
Candles	Kerzen
Cards	Karten
Celebration	Feier
Day	Tag
Friends	Freunde
Fun	Spass
Gift	Geschenk
Happy	Glücklich
Invitations	Einladungen
Joyful	Freudig
Song	Lied
Special	Spezial
Time	Zeit
To Learn	Lernen
Wisdom	Weisheit
Year	Jahr
Young	Jung

Boats
Boote

Anchor	Anker
Buoy	Boje
Canoe	Kanu
Crew	Crew
Dock	Dock
Engine	Motor
Ferry	Fähre
Kayak	Kajak
Lake	See
Lifeboat	Rettungsboot
Mast	Mast
Nautical	Nautisch
Ocean	Ozean
Raft	Floss
River	Fluss
Rope	Seil
Sailboat	Segelboot
Sailor	Seemann
Sea	Meer
Yacht	Yacht

Books
Bücher

Adventure	Abenteuer
Author	Autor
Collection	Kollektion
Context	Kontext
Duality	Dualität
Epic	Episch
Historical	Historisch
Humorous	Humorvoll
Inventive	Erfinderisch
Literary	Literarisch
Narrator	Erzähler
Novel	Roman
Page	Seite
Poem	Gedicht
Poetry	Poesie
Reader	Leser
Relevant	Relevant
Story	Geschichte
Tragic	Tragisch
Written	Geschrieben

Buildings
Gebäude

Apartment	Apartment
Barn	Scheune
Cabin	Kabine
Castle	Schloss
Cinema	Kino
Embassy	Botschaft
Factory	Fabrik
Hospital	Krankenhaus
Hostel	Herberge
Hotel	Hotel
Laboratory	Labor
Museum	Museum
Observatory	Observatorium
School	Schule
Stadium	Stadion
Supermarket	Supermarkt
Tent	Zelt
Theater	Theater
Tower	Turm
University	Universität

Camping
Camping

Adventure	Abenteuer
Animals	Tiere
Cabin	Kabine
Canoe	Kanu
Compass	Kompass
Fire	Feuer
Forest	Wald
Fun	Spass
Hammock	Hängematte
Hat	Hut
Hunting	Jagd
Insect	Insekt
Lake	See
Map	Karte
Moon	Mond
Mountain	Berg
Nature	Natur
Rope	Seil
Tent	Zelt
Trees	Bäume

Castles
Schlösser

Armor	Rüstung
Catapult	Katapult
Crown	Krone
Dragon	Drache
Dungeon	Kerker
Dynasty	Dynastie
Empire	Reich
Feudal	Feudal
Horse	Pferd
Kingdom	Königreich
Knight	Ritter
Noble	Edel
Palace	Palast
Prince	Prinz
Princess	Prinzessin
Shield	Schild
Sword	Schwert
Tower	Turm
Unicorn	Einhorn
Wall	Wand

Cats
Katzen

Affectionate	Liebevoll
Claw	Kralle
Crazy	Verrückt
Curious	Neugierig
Fast	Schnell
Funny	Komisch
Fur	Fell
Hunter	Jäger
Independent	Unabhängig
Little	Wenig
Mouse	Maus
Paw	Pfote
Playful	Verspielt
Shy	Schüchtern
Sleep	Schlafen
Tail	Schwanz
Wild	Wild
Yarn	Garn

Championship
Meisterschaft

Champion	Champion
Championship	Meisterschaft
Coach	Trainer
Endurance	Ausdauer
Finalist	Finalist
Games	Spiele
Judge	Richter
League	Liga
Medal	Medaille
Motivation	Motivation
Performance	Performance
Perspiration	Schweiss
Sports	Sport
Strategy	Strategie
Team	Mannschaft
To Breathe	Atmen
Tournament	Turnier
Victory	Sieg

Chess
Schach

Black	Schwarz
Champion	Champion
Clever	Klug
Contest	Wettbewerb
Diagonal	Diagonal
Game	Spiel
King	König
Opponent	Gegner
Passive	Passiv
Player	Spieler
Points	Punkte
Queen	Königin
Rules	Regeln
Sacrifice	Opfer
Strategy	Strategie
Time	Zeit
To Learn	Lernen
Tournament	Turnier
White	Weiss

Chocolate
Schokolade

Antioxidant	Antioxidans
Aroma	Aroma
Artisanal	Handwerklich
Bitter	Bitter
Cacao	Kakao
Calories	Kalorien
Caramel	Karamell
Coconut	Kokosnuss
Craving	Verlangen
Delicious	Köstlich
Exotic	Exotisch
Favorite	Favorit
Ingredient	Zutat
Peanuts	Erdnüsse
Quality	Qualität
Recipe	Rezept
Sugar	Zucker
Sweet	Süss
Taste	Geschmack
To Eat	Essen

Circus
Zirkus

Acrobat	Akrobat
Animals	Tiere
Balloons	Ballons
Clown	Clown
Costume	Kostüm
Elephant	Elefant
Entertain	Unterhalten
Juggler	Jongleur
Lion	Löwe
Magic	Magie
Magician	Zauberer
Monkey	Affe
Music	Musik
Parade	Parade
Show	Zeigen
Spectacular	Spektakulär
Spectator	Zuschauer
Tent	Zelt
Tiger	Tiger
Trick	Trick

Climbing
Klettern

Altitude	Höhe
Atmosphere	Atmosphäre
Boots	Stiefel
Cave	Höhle
Curiosity	Neugier
Expert	Experte
Gloves	Handschuhe
Guides	Führer
Helmet	Helm
Hiking	Wandern
Injury	Verletzung
Map	Karte
Narrow	Schmal
Physical	Physisch
Stability	Stabilität
Strength	Stärke
Terrain	Gelände
Training	Ausbildung

Clothes
Kleidung

Apron	Schürze
Belt	Gürtel
Blouse	Bluse
Bracelet	Armband
Coat	Mantel
Dress	Kleid
Fashion	Mode
Gloves	Handschuhe
Hat	Hut
Jacket	Jacke
Jeans	Jeans
Jewelry	Schmuck
Pajamas	Schlafanzug
Pants	Hose
Sandals	Sandalen
Scarf	Schal
Shirt	Hemd
Shoe	Schuh
Skirt	Rock
Sweater	Pullover

Colors
Farben

Azure	Azurblau
Beige	Beige
Black	Schwarz
Blue	Blau
Brown	Braun
Crimson	Purpur
Cyan	Zyan
Fuchsia	Fuchsie
Green	Grün
Grey	Grau
Indigo	Indigo
Magenta	Magenta
Orange	Orange
Pink	Rosa
Purple	Lila
Red	Rot
Sepia	Sepia
Violet	Violett
White	Weiss
Yellow	Gelb

Conservation
Erhaltung

Chemicals	Chemikalien
Climate	Klima
Cycle	Zyklus
Ecosystem	Ökosystem
Education	Bildung
Environmental	Umwelt
Green	Grün
Habitat	Lebensraum
Health	Gesundheit
Natural	Natürlich
Organic	Organisch
Pesticide	Pestizid
Pollution	Verschmutzung
Recycle	Recyceln
Reduce	Reduzieren
Sustainable	Nachhaltig
Volunteer	Freiwillige
Water	Wasser

Countries #2
Länder #2

Albania	Albanien
Denmark	Dänemark
Ethiopia	Äthiopien
Greece	Griechenland
Haiti	Haiti
Jamaica	Jamaika
Japan	Japan
Laos	Laos
Lebanon	Libanon
Liberia	Liberia
Mexico	Mexiko
Nepal	Nepal
Nigeria	Nigeria
Pakistan	Pakistan
Russia	Russland
Somalia	Somalia
Sudan	Sudan
Syria	Syrien
Uganda	Uganda
Ukraine	Ukraine

Dance
Tanzen

Academy	Akademie
Art	Kunst
Body	Körper
Choreography	Choreographie
Classical	Klassisch
Cultural	Kulturell
Culture	Kultur
Emotion	Emotion
Expressive	Ausdrucksvoll
Grace	Anmut
Joyful	Freudig
Jump	Springen
Movement	Bewegung
Music	Musik
Partner	Partner
Posture	Haltung
Rehearsal	Probe
Rhythm	Rhythmus
Traditional	Traditionell
Visual	Visuell

Days and Months
Tage und Monate

April	April
August	August
Calendar	Kalender
February	Februar
Friday	Freitag
January	Januar
July	Juli
March	März
Monday	Montag
Month	Monat
November	November
October	Oktober
Saturday	Samstag
September	September
Sunday	Sonntag
Thursday	Donnerstag
Tuesday	Dienstag
Wednesday	Mittwoch
Week	Woche
Year	Jahr

Dinosaurs
Dinosaurier

Disappearance	Verschwinden
Earth	Erde
Enormous	Enorm
Evolution	Evolution
Fossils	Fossilien
Large	Gross
Mammoth	Mammut
Omnivore	Allesfresser
Prehistoric	Prähistorisch
Prey	Beute
Raptor	Raubvogel
Reptile	Reptil
Size	Grösse
Species	Art
Tail	Schwanz
Vicious	Bösartig
Wings	Flügel

Driving
Fahren

Accident	Unfall
Brakes	Bremsen
Car	Auto
Danger	Gefahr
Driver	Treiber
Fuel	Brennstoff
Garage	Garage
Gas	Gas
License	Lizenz
Map	Karte
Motor	Motor
Motorcycle	Motorrad
Pedestrian	Fussgänger
Police	Polizei
Safety	Sicherheit
Street	Strasse
Traffic	Verkehr
Transportation	Transport
Truck	Lkw
Tunnel	Tunnel

Ecology
Ökologie

Climate	Klima
Communities	Gemeinschaft
Diversity	Vielfalt
Drought	Dürre
Fauna	Fauna
Flora	Flora
Global	Global
Habitat	Lebensraum
Marine	Marine
Marsh	Sumpf
Mountains	Berge
Natural	Natürlich
Nature	Natur
Plants	Pflanzen
Resources	Ressourcen
Species	Art
Survival	Überleben
Sustainable	Nachhaltig
Vegetation	Vegetation
Volunteers	Freiwillige

Emotions
Emotionen

Anger	Wut
Boredom	Langeweile
Calm	Ruhig
Content	Inhalt
Embarrassed	Beschämt
Excited	Aufgeregt
Fear	Angst
Grateful	Dankbar
Joy	Freude
Love	Liebe
Peace	Frieden
Relaxed	Entspannt
Relief	Relief
Sadness	Traurigkeit
Satisfied	Zufrieden
Surprise	Überraschen
Sympathy	Sympathie
Tenderness	Zärtlichkeit
Tranquility	Ruhe

Exploration
Erforschung

Activity	Aktivität
Animals	Tiere
Courage	Mut
Cultures	Kulturen
Discovery	Entdeckung
Distant	Fern
Excitement	Aufregung
Exhaustion	Erschöpfung
Hazards	Gefahren
Language	Sprache
New	Neu
Perilous	Gefährlich
Quest	Suche
Space	Raum
Terrain	Gelände
To Learn	Lernen
Travel	Reise
Unknown	Unbekannt
Wild	Wild

Family
Familie

Ancestor	Vorfahr
Aunt	Tante
Brother	Bruder
Child	Kind
Childhood	Kindheit
Children	Kinder
Cousin	Vetter
Daughter	Tochter
Father	Vater
Grandfather	Grossvater
Grandson	Enkel
Husband	Ehemann
Maternal	Mütterlich
Mother	Mutter
Nephew	Neffe
Niece	Nichte
Paternal	Väterlich
Sister	Schwester
Uncle	Onkel
Wife	Ehefrau

Farm #1
Bauernhof #1

Bee	Biene
Bison	Bison
Calf	Kalb
Cat	Katze
Chicken	Huhn
Cow	Kuh
Crow	Krähe
Dog	Hund
Donkey	Esel
Fence	Zaun
Fertilizer	Dünger
Field	Feld
Flock	Herde
Goat	Ziege
Hay	Heu
Honey	Honig
Horse	Pferd
Rice	Reis
Seeds	Saat
Water	Wasser

Farm #2
Bauernhof #2

Animals	Tiere
Barley	Gerste
Barn	Scheune
Corn	Mais
Duck	Ente
Farmer	Bauer
Food	Essen
Fruit	Frucht
Irrigation	Bewässerung
Lamb	Lamm
Llama	Lama
Meadow	Wiese
Milk	Milch
Orchard	Obstgarten
Sheep	Schaf
To Grow	Wachsen
Tractor	Traktor
Vegetable	Gemüse
Wheat	Weizen
Windmill	Windmühle

Fishing
Angeln

Bait	Köder
Basket	Korb
Beach	Strand
Boat	Boot
Cook	Kochen
Equipment	Ausrüstung
Exaggeration	Übertreibung
Fins	Flossen
Gills	Kiemen
Hook	Haken
Jaw	Kiefer
Lake	See
Ocean	Ozean
Patience	Geduld
River	Fluss
Scales	Waage
Season	Jahreszeit
Water	Wasser
Weight	Gewicht
Wire	Draht

Flowers
Blumen

Bouquet	Strauss
Clover	Klee
Daisy	Gänseblümchen
Dandelion	Löwenzahn
Gardenia	Gardenie
Hibiscus	Hibiskus
Jasmine	Jasmin
Lavender	Lavendel
Lilac	Lila
Lily	Lilie
Magnolia	Magnolie
Orchid	Orchidee
Passionflower	Passionsblume
Peony	Pfingstrose
Petal	Blütenblatt
Plumeria	Plumeria
Poppy	Mohn
Rose	Rose
Sunflower	Sonnenblume
Tulip	Tulpe

Food #1
Essen #1

Apricot	Aprikose
Barley	Gerste
Basil	Basilikum
Carrot	Karotte
Cinnamon	Zimt
Garlic	Knoblauch
Juice	Saft
Lemon	Zitrone
Milk	Milch
Onion	Zwiebel
Peanut	Erdnuss
Pear	Birne
Salad	Salat
Salt	Salz
Soup	Suppe
Spinach	Spinat
Strawberry	Erdbeere
Sugar	Zucker
Tuna	Thunfisch
Turnip	Rübe

Food #2
Essen #2

Apple	Apfel
Artichoke	Artischocke
Banana	Banane
Broccoli	Brokkoli
Celery	Sellerie
Cheese	Käse
Cherry	Kirsche
Chicken	Huhn
Chocolate	Schokolade
Egg	Ei
Eggplant	Aubergine
Fish	Fisch
Grape	Traube
Ham	Schinken
Kiwi	Kiwi
Mushroom	Pilz
Rice	Reis
Tomato	Tomate
Wheat	Weizen
Yogurt	Joghurt

Fruit
Obst

Apple	Apfel
Apricot	Aprikose
Avocado	Avocado
Banana	Banane
Berry	Beere
Cherry	Kirsche
Coconut	Kokosnuss
Fig	Feige
Grape	Traube
Guava	Guave
Kiwi	Kiwi
Lemon	Zitrone
Mango	Mango
Melon	Melone
Nectarine	Nektarine
Papaya	Papaya
Peach	Pfirsich
Pear	Birne
Pineapple	Ananas
Raspberry	Himbeere

Furniture
Möbel

Armchair	Sessel
Armoire	Schrank
Bed	Bett
Bench	Bank
Bookcase	Bücherregal
Chair	Stuhl
Comforters	Bettdecke
Couch	Couch
Curtains	Vorhang
Desk	Schreibtisch
Dresser	Kommode
Futon	Futon
Hammock	Hängematte
Lamp	Lampe
Mattress	Matratze
Mirror	Spiegel
Pillow	Kissen
Rug	Teppich
Shelves	Regal

Garden
Garten

Bench	Bank
Bush	Busch
Fence	Zaun
Flower	Blume
Garage	Garage
Garden	Garten
Grass	Gras
Hammock	Hängematte
Hose	Schlauch
Lawn	Rasen
Orchard	Obstgarten
Pond	Teich
Porch	Veranda
Rake	Rechen
Shovel	Schaufel
Soil	Boden
Terrace	Terrasse
Trampoline	Trampolin
Tree	Baum
Weeds	Unkraut

Geography
Geographie

Altitude	Höhe
Atlas	Atlas
City	Stadt
Continent	Kontinent
Country	Land
Hemisphere	Hemisphäre
Island	Insel
Latitude	Breite
Map	Karte
Meridian	Meridian
Mountain	Berg
North	Norden
Ocean	Ozean
Region	Region
River	Fluss
Sea	Meer
South	Süden
Territory	Gebiet
West	West
World	Welt

Geology
Geologie

Acid	Säure
Calcium	Kalzium
Cavern	Höhle
Continent	Kontinent
Coral	Koralle
Crystals	Kristalle
Cycles	Zyklen
Earthquake	Erdbeben
Erosion	Erosion
Fossil	Fossil
Geyser	Geysir
Lava	Lava
Layer	Schicht
Minerals	Mineralien
Plateau	Plateau
Quartz	Quarz
Salt	Salz
Stalactite	Stalaktit
Stone	Stein
Volcano	Vulkan

Hair Types
Haartypen

Bald	Kahl
Black	Schwarz
Blond	Blond
Braided	Geflochten
Braids	Zöpfe
Brown	Braun
Colored	Farbig
Curls	Locken
Curly	Lockig
Dry	Trocken
Gray	Grau
Healthy	Gesund
Long	Lang
Shiny	Glänzend
Short	Kurz
Soft	Weich
Thick	Dick
Thin	Dünn
Wavy	Wellig
White	Weiss

Herbalism
Kräuterkunde

Aromatic	Aromatisch
Basil	Basilikum
Beneficial	Vorteilhaft
Culinary	Kulinarisch
Fennel	Fenchel
Flavor	Geschmack
Flower	Blume
Garden	Garten
Garlic	Knoblauch
Green	Grün
Ingredient	Zutat
Lavender	Lavendel
Marjoram	Majoran
Mint	Minze
Oregano	Oregano
Parsley	Petersilie
Plant	Pflanze
Rosemary	Rosmarin
Saffron	Safran
Tarragon	Estragon

Hiking
Wandern

Animals	Tiere
Boots	Stiefel
Camping	Camping
Cliff	Klippe
Climate	Klima
Guides	Führer
Hazards	Gefahren
Heavy	Schwer
Map	Karte
Mountain	Berg
Nature	Natur
Orientation	Orientierung
Parks	Parks
Preparation	Vorbereitung
Stones	Steine
Summit	Gipfel
Sun	Sonne
Tired	Müde
Water	Wasser
Wild	Wild

House
Haus

Attic	Dachboden
Broom	Besen
Curtains	Vorhang
Door	Tür
Fence	Zaun
Fireplace	Kamin
Floor	Boden
Furniture	Möbel
Garage	Garage
Garden	Garten
Keys	Schlüssel
Kitchen	Küche
Lamp	Lampe
Library	Bibliothek
Mirror	Spiegel
Roof	Dach
Room	Zimmer
Shower	Dusche
Wall	Wand
Window	Fenster

Human Body
Menschlicher Körper

Ankle	Knöchel
Blood	Blut
Bones	Knochen
Brain	Gehirn
Chin	Kinn
Ear	Ohr
Elbow	Ellbogen
Face	Gesicht
Finger	Finger
Hand	Hand
Head	Kopf
Heart	Herz
Jaw	Kiefer
Knee	Knie
Leg	Bein
Mouth	Mund
Neck	Hals
Nose	Nase
Shoulder	Schulter
Skin	Haut

Insects
Insekten

Ant	Ameise
Aphid	Blattlaus
Bee	Biene
Beetle	Käfer
Butterfly	Schmetterling
Cicada	Zikade
Cockroach	Kakerlake
Dragonfly	Libelle
Flea	Floh
Grasshopper	Heuschrecke
Hornet	Hornisse
Ladybug	Marienkäfer
Larva	Larve
Mosquito	Mücke
Moth	Motte
Termite	Termite
Wasp	Wespe
Worm	Wurm

Kitchen
Küche

Apron	Schürze
Bowl	Schüssel
Chopsticks	Essstäbchen
Cups	Tassen
Forks	Gabeln
Grill	Grill
Jug	Krug
Kettle	Wasserkocher
Knives	Messer
Ladle	Kelle
Napkin	Serviette
Oven	Ofen
Recipe	Rezept
Refrigerator	Kühlschrank
Spices	Gewürze
Sponge	Schwamm
Spoons	Löffel
To Eat	Essen

Landscapes
Landschaften

Beach	Strand
Cave	Höhle
Desert	Wüste
Geyser	Geysir
Glacier	Gletscher
Hill	Hügel
Iceberg	Eisberg
Island	Insel
Lake	See
Mountain	Berg
Oasis	Oase
Ocean	Ozean
Peninsula	Halbinsel
River	Fluss
Sea	Meer
Swamp	Sumpf
Tundra	Tundra
Valley	Tal
Volcano	Vulkan
Waterfall	Wasserfall

Literature
Literatur

Analogy	Analogie
Analysis	Analyse
Anecdote	Anekdote
Author	Autor
Biography	Biographie
Comparison	Vergleich
Description	Beschreibung
Dialogue	Dialog
Fiction	Fiktion
Metaphor	Metapher
Narrator	Erzähler
Novel	Roman
Opinion	Meinung
Poem	Gedicht
Poetic	Poetisch
Rhyme	Reim
Rhythm	Rhythmus
Style	Stil
Theme	Thema
Tragedy	Tragödie

Mammals
Säugetiere

Bear	Bär
Beaver	Biber
Bull	Stier
Cat	Katze
Coyote	Kojote
Dog	Hund
Dolphin	Delfin
Elephant	Elefant
Fox	Fuchs
Giraffe	Giraffe
Gorilla	Gorilla
Horse	Pferd
Kangaroo	Känguru
Lion	Löwe
Monkey	Affe
Rabbit	Hase
Sheep	Schaf
Whale	Wal
Wolf	Wolf
Zebra	Zebra

Math
Mathematik

Angles	Winkel
Arithmetic	Arithmetik
Circumference	Umfang
Decimal	Dezimal
Diameter	Durchmesser
Division	Division
Equation	Gleichung
Exponent	Exponent
Fraction	Bruchteil
Geometry	Geometrie
Numbers	Zahlen
Parallel	Parallel
Polygon	Polygon
Radius	Radius
Rectangle	Rechteck
Square	Quadrat
Sum	Summe
Symmetry	Symmetrie
Triangle	Dreieck
Volume	Volumen

Measurements
Messungen

Byte	Byte
Centimeter	Zentimeter
Decimal	Dezimal
Degree	Grad
Depth	Tiefe
Gram	Gramm
Height	Höhe
Inch	Zoll
Kilogram	Kilogramm
Kilometer	Kilometer
Length	Länge
Liter	Liter
Mass	Masse
Meter	Meter
Minute	Minute
Ounce	Unze
Ton	Tonne
Volume	Volumen
Weight	Gewicht
Width	Breite

Meditation
Meditation

Acceptance	Annahme
Awake	Wach
Breathing	Atmung
Calm	Ruhig
Clarity	Klarheit
Compassion	Mitgefühl
Gratitude	Dankbarkeit
Happiness	Glück
Insight	Einblick
Mental	Geistig
Mind	Verstand
Movement	Bewegung
Music	Musik
Nature	Natur
Peace	Frieden
Perspective	Perspektive
Posture	Haltung
Silence	Stille
Thoughts	Gedanken
To Learn	Lernen

Musical Instruments
Musikinstrumente

Banjo	Banjo
Bassoon	Fagott
Cello	Cello
Chimes	Glockenspiel
Clarinet	Klarinette
Drum	Trommel
Flute	Flöte
Gong	Gong
Guitar	Gitarre
Harp	Harfe
Mandolin	Mandoline
Marimba	Marimba
Oboe	Oboe
Percussion	Schlagzeug
Piano	Klavier
Saxophone	Saxophon
Tambourine	Tamburin
Trombone	Posaune
Trumpet	Trompete
Violin	Geige

Mythology
Mythologie

Archetype	Archetyp
Behavior	Verhalten
Creation	Kreation
Creature	Kreatur
Culture	Kultur
Deities	Gottheiten
Disaster	Katastrophe
Heaven	Himmel
Hero	Held
Heroine	Heldin
Jealousy	Eifersucht
Labyrinth	Labyrinth
Legend	Legende
Lightning	Blitz
Monster	Monster
Mortal	Sterblich
Revenge	Rache
Strength	Stärke
Thunder	Donner
Warrior	Krieger

Nature
Natur

Animals	Tiere
Arctic	Arktis
Beauty	Schönheit
Bees	Bienen
Clouds	Wolken
Desert	Wüste
Dynamic	Dynamisch
Erosion	Erosion
Fog	Nebel
Foliage	Laub
Forest	Wald
Glacier	Gletscher
Mountains	Berge
Peaceful	Friedlich
River	Fluss
Sanctuary	Heiligtum
Serene	Heiter
Tropical	Tropisch
Vital	Lebenswichtig
Wild	Wild

Numbers
Zahlen

Decimal	Dezimal
Eight	Acht
Eighteen	Achtzehn
Fifteen	Fünfzehn
Five	Fünf
Four	Vier
Fourteen	Vierzehn
Nine	Neun
Nineteen	Neunzehn
One	Eins
Seven	Sieben
Seventeen	Siebzehn
Six	Sechs
Sixteen	Sechzehn
Ten	Zehn
Thirteen	Dreizehn
Three	Drei
Twelve	Zwölf
Twenty	Zwanzig
Two	Zwei

Nutrition
Ernährung

Appetite	Appetit
Balanced	Ausgewogen
Bitter	Bitter
Calories	Kalorien
Carbohydrates	Kohlenhydrate
Diet	Diät
Digestion	Verdauung
Edible	Essbar
Fermentation	Fermentation
Flavor	Geschmack
Health	Gesundheit
Healthy	Gesund
Liquids	Flüssigkeiten
Nutrient	Nährstoff
Proteins	Proteine
Quality	Qualität
Sauce	Sosse
Toxin	Toxin
Vitamin	Vitamin
Weight	Gewicht

Ocean
Ozean

Algae	Algen
Coral	Koralle
Crab	Krabbe
Dolphin	Delfin
Eel	Aal
Fish	Fisch
Jellyfish	Qualle
Octopus	Krake
Oyster	Auster
Reef	Riff
Salt	Salz
Seaweed	Seetang
Shark	Hai
Shrimp	Garnele
Sponge	Schwamm
Storm	Sturm
Tides	Gezeiten
Tuna	Thunfisch
Turtle	Schildkröte
Whale	Wal

Pets
Haustiere

Cat	Katze
Collar	Kragen
Cow	Kuh
Dog	Hund
Fish	Fisch
Food	Essen
Goat	Ziege
Hamster	Hamster
Kitten	Kätzchen
Leash	Leine
Lizard	Eidechse
Mouse	Maus
Parrot	Papagei
Paws	Pfoten
Puppy	Welpe
Rabbit	Hase
Tail	Schwanz
Turtle	Schildkröte
Veterinarian	Tierarzt
Water	Wasser

Pirates
Piraten

Adventure	Abenteuer
Anchor	Anker
Bad	Schlecht
Beach	Strand
Captain	Kapitän
Cave	Höhle
Coins	Münzen
Compass	Kompass
Crew	Crew
Danger	Gefahr
Flag	Flagge
Gold	Gold
Island	Insel
Legend	Legende
Map	Karte
Parrot	Papagei
Rum	Rum
Scar	Narbe
Sword	Schwert
Treasure	Schatz

Plants
Pflanzen

Bamboo	Bambus
Bean	Bohne
Berry	Beere
Botany	Botanik
Bush	Busch
Cactus	Kaktus
Fertilizer	Dünger
Flora	Flora
Flower	Blume
Foliage	Laub
Forest	Wald
Garden	Garten
Grass	Gras
Ivy	Efeu
Moss	Moos
Petal	Blütenblatt
Root	Wurzel
Stem	Stamm
Tree	Baum
Vegetation	Vegetation

Professions #1
Berufe #1

Ambassador	Botschafter
Astronomer	Astronom
Attorney	Rechtsanwalt
Banker	Bankier
Cartographer	Kartograph
Coach	Trainer
Dancer	Tänzer
Doctor	Arzt
Editor	Editor
Firefighter	Feuerwehrmann
Geologist	Geologe
Hunter	Jäger
Jeweler	Juwelier
Musician	Musiker
Pianist	Pianist
Plumber	Klempner
Psychologist	Psychologe
Sailor	Seemann
Tailor	Schneider
Veterinarian	Tierarzt

Professions #2
Berufe #2

Astronaut	Astronaut
Biologist	Biologe
Dentist	Zahnarzt
Detective	Detektiv
Engineer	Ingenieur
Farmer	Bauer
Gardener	Gärtner
Illustrator	Illustrator
Inventor	Erfinder
Journalist	Journalist
Librarian	Bibliothekar
Linguist	Linguist
Painter	Maler
Philosopher	Philosoph
Photographer	Fotograf
Physician	Arzt
Pilot	Pilot
Surgeon	Chirurg
Teacher	Lehrer
Zoologist	Zoologe

Rainforest
Regenwald

Amphibians	Amphibien
Birds	Vögel
Botanical	Botanisch
Climate	Klima
Clouds	Wolken
Community	Gemeinschaft
Diversity	Vielfalt
Indigenous	Einheimisch
Insects	Insekten
Jungle	Dschungel
Mammals	Säugetiere
Moss	Moos
Nature	Natur
Refuge	Zuflucht
Respect	Respekt
Species	Art
Survival	Überleben
Valuable	Wertvoll

Restaurant #1
Restaurant #1

Allergy	Allergie
Bowl	Schüssel
Bread	Brot
Cashier	Kassierer
Chicken	Huhn
Coffee	Kaffee
Dessert	Dessert
Kitchen	Küche
Knife	Messer
Meat	Fleisch
Menu	Menü
Napkin	Serviette
Plate	Teller
Reservation	Reservierung
Sauce	Sosse
Spicy	Würzig
To Eat	Essen
Waitress	Kellnerin

Restaurant #2
Restaurant #2

Beverage	Getränk
Cake	Kuchen
Chair	Stuhl
Delicious	Köstlich
Dinner	Abendessen
Eggs	Eier
Fish	Fisch
Fork	Gabel
Fruit	Frucht
Ice	Eis
Lunch	Mittagessen
Noodles	Nudeln
Salad	Salat
Salt	Salz
Soup	Suppe
Spices	Gewürze
Spoon	Löffel
Vegetables	Gemüse
Waiter	Kellner
Water	Wasser

School #1
Schule #1

Alphabet	Alphabet
Answers	Antworten
Books	Bücher
Chair	Stuhl
Classroom	Klassenzimmer
Exams	Prüfungen
Folders	Ordner
Friends	Freunde
Fun	Spass
Library	Bibliothek
Lunch	Mittagessen
Math	Mathematik
Paper	Papier
Pencil	Bleistift
Pens	Stifte
Quiz	Quiz
Teacher	Lehrer
To Learn	Lernen
To Read	Lesen
To Write	Schreiben

School #2
Schule #2

Academic	Akademisch
Activities	Aktivitäten
Backpack	Rucksack
Books	Bücher
Bus	Bus
Calendar	Kalender
Computer	Computer
Dictionary	Wörterbuch
Education	Bildung
Eraser	Radiergummi
Grammar	Grammatik
Library	Bibliothek
Literature	Literatur
Paper	Papier
Pencil	Bleistift
Science	Wissenschaft
Scissors	Schere
Supplies	Vorräte
Teacher	Lehrer
Weekends	Wochenende

Science
Wissenschaft

Atom	Atom
Chemical	Chemisch
Climate	Klima
Data	Daten
Evolution	Evolution
Experiment	Experiment
Fact	Tatsache
Fossil	Fossil
Gravity	Schwerkraft
Hypothesis	Hypothese
Laboratory	Labor
Method	Methode
Minerals	Mineralien
Molecules	Moleküle
Nature	Natur
Organism	Organismus
Particles	Partikel
Physics	Physik
Plants	Pflanzen

Science Fiction
Science Fiction

Atomic	Atomic
Books	Bücher
Chemicals	Chemikalien
Cinema	Kino
Dystopia	Dystopie
Explosion	Explosion
Extreme	Extrem
Fantastic	Fantastisch
Fire	Feuer
Futuristic	Futuristisch
Galaxy	Galaxie
Illusion	Illusion
Imaginary	Imaginär
Mysterious	Geheimnisvoll
Oracle	Orakel
Planet	Planet
Robots	Roboter
Technology	Technologie
Utopia	Utopie
World	Welt

Scientific Disciplines
Wissenschaftliche Disziplinen

Anatomy	Anatomie
Archaeology	Archäologie
Astronomy	Astronomie
Biochemistry	Biochemie
Biology	Biologie
Botany	Botanik
Chemistry	Chemie
Ecology	Ökologie
Geology	Geologie
Immunology	Immunologie
Kinesiology	Kinesiologie
Linguistics	Linguistik
Mechanics	Mechanik
Mineralogy	Mineralogie
Neurology	Neurologie
Physiology	Physiologie
Psychology	Psychologie
Sociology	Soziologie
Thermodynamics	Thermodynamik
Zoology	Zoologie

Shapes
Formen

Arc	Bogen
Circle	Kreis
Cone	Kegel
Corner	Ecke
Cube	Würfel
Curve	Kurve
Cylinder	Zylinder
Edges	Kanten
Ellipse	Ellipse
Hyperbola	Hyperbel
Line	Linie
Oval	Oval
Polygon	Polygon
Prism	Prisma
Pyramid	Pyramide
Rectangle	Rechteck
Side	Seite
Sphere	Kugel
Square	Quadrat
Triangle	Dreieck

Spices
Gewürze

Anise	Anis
Bitter	Bitter
Cardamom	Kardamom
Cinnamon	Zimt
Clove	Nelke
Coriander	Koriander
Cumin	Kreuzkümmel
Curry	Curry
Fennel	Fenchel
Fenugreek	Bockshornklee
Flavor	Geschmack
Garlic	Knoblauch
Ginger	Ingwer
Nutmeg	Muskatnuss
Onion	Zwiebel
Paprika	Paprika
Saffron	Safran
Salt	Salz
Sweet	Süss
Vanilla	Vanille

Sports
Sport

Athlete	Athlet
Baseball	Baseball
Basketball	Basketball
Bicycle	Fahrrad
Championship	Meisterschaft
Coach	Trainer
Game	Spiel
Golf	Golf
Gymnasium	Gymnasium
Gymnastics	Gymnastik
Hockey	Eishockey
Movement	Bewegung
Player	Spieler
Stadium	Stadion
Team	Mannschaft
Tennis	Tennis
To Swim	Schwimmen
Winner	Gewinner

Summer
Sommer

Beach	Strand
Books	Bücher
Camping	Camping
Diving	Tauchen
Family	Familie
Food	Essen
Friends	Freunde
Games	Spiele
Garden	Garten
Joy	Freude
Leisure	Freizeit
Memories	Erinnerungen
Music	Musik
Relaxation	Entspannung
Sandals	Sandalen
Sea	Meer
Stars	Sterne
To Swim	Schwimmen
Travel	Reise
Vacation	Urlaub

Surfing
Surfen

Athlete	Athlet
Beach	Strand
Beginner	Anfänger
Champion	Champion
Crowds	Mengen
Extreme	Extrem
Foam	Schaum
Fun	Spass
Ocean	Ozean
Paddle	Paddel
Popular	Beliebt
Reef	Riff
Spray	Spray
Stomach	Magen
Strength	Stärke
Style	Stil
To Swim	Schwimmen
Wave	Welle
Weather	Wetter

Technology
Technologie

Blog	Blog
Browser	Browser
Bytes	Bytes
Camera	Kamera
Computer	Computer
Cursor	Cursor
Data	Daten
Digital	Digital
Display	Anzeige
File	Datei
Font	Schriftart
Internet	Internet
Message	Nachricht
Research	Forschung
Screen	Bildschirm
Security	Sicherheit
Software	Software
Statistics	Statistik
Virtual	Virtuell
Virus	Virus

Time
Zeit

Annual	Jährlich
Before	Vor
Calendar	Kalender
Century	Jahrhundert
Clock	Uhr
Day	Tag
Decade	Jahrzehnt
Early	Früh
Future	Zukunft
Hour	Stunde
Minute	Minute
Month	Monat
Morning	Morgen
Night	Nacht
Noon	Mittag
Now	Jetzt
Soon	Bald
Today	Heute
Week	Woche
Year	Jahr

To Fill
Zu Füllen

Barrel	Fass
Basin	Becken
Basket	Korb
Bottle	Flasche
Box	Box
Bucket	Eimer
Carton	Karton
Crate	Kiste
Drawer	Schublade
Envelope	Umschlag
Folder	Mappe
Jar	Krug
Packet	Paket
Pocket	Tasche
Suitcase	Koffer
Tray	Tablett
Tub	Wanne
Tube	Rohr
Vase	Vase
Vessel	Schiff

Tools
Tools

Axe	Axt
Cable	Kabel
Glue	Leim
Hammer	Hammer
Knife	Messer
Ladder	Leiter
Pliers	Zange
Razor	Rasierer
Rope	Seil
Ruler	Lineal
Scissors	Schere
Screw	Schraube
Shovel	Schaufel
Staple	Heftklammer
Stapler	Hefter
Torch	Fackel
Wheel	Rad

Town
Stadt

Airport	Flughafen
Bakery	Bäckerei
Bank	Bank
Bookstore	Buchhandlung
Cinema	Kino
Clinic	Klinik
Florist	Blumenhändler
Gallery	Galerie
Hotel	Hotel
Library	Bibliothek
Market	Markt
Museum	Museum
Pharmacy	Apotheke
School	Schule
Stadium	Stadion
Store	Geschäft
Supermarket	Supermarkt
Theater	Theater
University	Universität
Zoo	Zoo

Toys
Spielzeuge

Airplane	Flugzeug
Ball	Ball
Bicycle	Fahrrad
Boat	Boot
Books	Bücher
Car	Auto
Chess	Schach
Clay	Ton
Crafts	Kunsthandwerk
Crayons	Buntstifte
Doll	Puppe
Drums	Schlagzeug
Favorite	Favorit
Games	Spiele
Imagination	Phantasie
Kite	Drachen
Puzzle	Puzzle
Robot	Roboter
Train	Zug
Truck	Lkw

Vacation #1
Urlaub #1

Airplane	Flugzeug
Backpack	Rucksack
Car	Auto
Currency	Währung
Customs	Zoll
Departure	Abreise
Expedition	Expedition
Itinerary	Route
Lake	See
Museum	Museum
Relaxation	Entspannung
Suitcase	Koffer
Ticket	Fahrkarte
To Swim	Schwimmen
Tourist	Tourist
Tram	Strassenbahn
Umbrella	Regenschirm

Vacation #2
Urlaub #2

Airport	Flughafen
Beach	Strand
Camping	Camping
Destination	Ziel
Foreign	Ausländisch
Foreigner	Ausländer
Holiday	Urlaub
Hotel	Hotel
Island	Insel
Journey	Reise
Leisure	Freizeit
Map	Karte
Mountains	Berge
Passport	Pass
Sea	Meer
Taxi	Taxi
Tent	Zelt
Train	Zug
Transportation	Transport
Visa	Visum

Vegetables
Gemüse

Artichoke	Artischocke
Broccoli	Brokkoli
Carrot	Karotte
Cauliflower	Blumenkohl
Celery	Sellerie
Cucumber	Gurke
Eggplant	Aubergine
Garlic	Knoblauch
Ginger	Ingwer
Mushroom	Pilz
Onion	Zwiebel
Parsley	Petersilie
Pea	Erbse
Pumpkin	Kürbis
Radish	Rettich
Salad	Salat
Shallot	Schalotte
Spinach	Spinat
Tomato	Tomate
Turnip	Rübe

Vehicles
Fahrzeuge

Airplane	Flugzeug
Ambulance	Krankenwagen
Bicycle	Fahrrad
Boat	Boot
Bus	Bus
Car	Auto
Caravan	Wohnwagen
Ferry	Fähre
Helicopter	Hubschrauber
Motor	Motor
Raft	Floss
Rocket	Rakete
Scooter	Roller
Submarine	U-Boot
Subway	U-Bahn
Taxi	Taxi
Tires	Reifen
Tractor	Traktor
Train	Zug
Truck	Lkw

Visual Arts
Bildende Kunst

Architecture	Architektur
Artist	Künstler
Ceramics	Keramik
Chalk	Kreide
Charcoal	Holzkohle
Clay	Ton
Creativity	Kreativität
Easel	Staffelei
Film	Film
Masterpiece	Meisterwerk
Painting	Gemälde
Pen	Stift
Pencil	Bleistift
Perspective	Perspektive
Photograph	Foto
Portrait	Porträt
Sculpture	Skulptur
Stencil	Schablone
Varnish	Lack
Wax	Wachs

Water
Wasser

Canal	Kanal
Damp	Feucht
Drinkable	Trinkbar
Evaporation	Verdunstung
Flood	Flut
Frost	Frost
Geyser	Geysir
Hurricane	Hurrikan
Ice	Eis
Irrigation	Bewässerung
Lake	See
Moisture	Feuchtigkeit
Monsoon	Monsun
Ocean	Ozean
Rain	Regen
River	Fluss
Shower	Dusche
Snow	Schnee
Steam	Dampf
Waves	Wellen

Weather
Wetter

Atmosphere	Atmosphäre
Breeze	Brise
Climate	Klima
Cloud	Wolke
Drought	Dürre
Dry	Trocken
Fog	Nebel
Hurricane	Hurrikan
Ice	Eis
Lightning	Blitz
Monsoon	Monsun
Polar	Polar
Rainbow	Regenbogen
Sky	Himmel
Storm	Sturm
Temperature	Temperatur
Thunder	Donner
Tornado	Tornado
Tropical	Tropisch
Wind	Wind

Congratulations

You made it!

We hope you enjoyed this book as much as we enjoyed making it. We do our best to make high quality games.
These puzzles are designed in a clever way for you to learn actively while having fun!

Did you love them?

A Simple Request

Our books exist thanks your reviews. Could you help us by leaving one now?

Here is a short link which will take you to your order review page:

BestBooksActivity.com/Review50

MONSTER CHALLENGE!

Challenge #1

Ready for Your Bonus Game? We use them all the time but they are not so easy to find. Here are **Synonyms**!

Note 5 words you discovered in each of the Puzzles noted below (#21, #36, #76) and try to find 2 synonyms for each word.

Note 5 Words from **Puzzle 21**

Words	Synonym 1	Synonym 2

Note 5 Words from **Puzzle 36**

Words	Synonym 1	Synonym 2

Note 5 Words from **Puzzle 76**

Words	Synonym 1	Synonym 2

Challenge #2

Now that you are warmed-up, note 5 words you discovered in each Puzzle noted below (#9, #17, #25) and try to find 2 antonyms for each word. How many lines can you do in 20 minutes?

Note 5 Words from **Puzzle 9**

Words	Antonym 1	Antonym 2

Note 5 Words from **Puzzle 17**

Words	Antonym 1	Antonym 2

Note 5 Words from **Puzzle 25**

Words	Antonym 1	Antonym 2

Challenge #3

Wonderful, this monster  challenge is nothing to you!

Ready for the last one? Choose your 10 favorite words discovered in any of the Puzzles and note them below.

1.	6.
2.	7.
3.	8.
4.	9.
5.	10.

Now, using these words and within a maximum of six sentences, your challenge is to compose a text about a person, animal or place that you love!

Tip: You can use the last blank page of this book as a draft!

Your Writing:

NOTEBOOK:

SEE YOU SOON!

Linguas Classics Team